街角の共育学

無関心でいない、あきらめない、他人まかせにしないために

松森俊尚

現代書館

街角の共育学——無関心でいない、あきらめない、他人《ひと》まかせにしないために＊目次

まえがき

ある日、畳の上に寝そべって本を読んでいた娘が、つぶやくような声で「父さん、鴻上尚史がこんなこと書いてるんやけど」と話しかけてきました。

――僕は、ランドセルとリクルートスーツがなくならない限り、この国は変わらないだろうと思っています。

小学校の入学の時、親達は誰一人反対することなく、一斉にランドセルを買います。そして、子供達は何の疑問もなく背負います。

誰が決めたわけではありません。けれど、それに従わなければいけないのです。拒否することは、文化的にも伝統的にも習慣的にも地域的にも許されないことでしょう。もし、一人の親が、ランドセルを買い与えず、ブランド物の、または千円以下のトートバッグを子供に持たせたら、その子供は間違いなくいじめられるはずです。学校側も対応に苦慮するかもしれません。

個性が大切だ、一人一人の可能性を伸ばすのが教育だと、いくら立派なことを言っても、一年生全員が無条件でランドセルを背負う国なのです。何の個性か、何の多様性かと、私は心底震えます。

そんな大げさなとあなたは思うでしょうか？（鴻上尚史『孤独と不安のレッスン』大和書房）

「ウチら、ランドセル買うてもらわれへんかったもんなぁ」と言います。

私には長男と双子の娘がいます。おそらく私は、子どもたちに対してあまり口出ししない方だと、自分では思っています。たとえば友だちづき合いのこととか、学校の様子とか、塾へ行くのかどうかとか、日頃のテストの結果や、高校受験や大学受験の時でも、ほとんど口出ししたことはなかったと思います。

そんな私が妻といっしょに、いわば親の権力を使って子どもたちに強制したことが一つだけあります。それは、ランドセルは買わない、持たせないということです。三人の子どもたちは、妻が古着や帯の布などから手づくりしたカバンを肩にかけて登下校しました。

理由は明白です。私も妻もランドセルを持たせたくなかったからです。学校の子どもたち全員がランドセルを背負って登下校することがあたりまえで、何も疑わないような「学校文化」の中で、わが子に学校生活を送ってほしくなかったからです。もしそれが原因でいじめられることがあれば、いじめた子どもやその保護者や学校の教員たちと話し合う覚悟はできていました。

今は、そのことの「良し悪し」を問題にしようとしているのではありません。昔は――さてどこまでが「昔」なのかというのが難しいのですが、さしずめ高度経済成長が続き核家族化が進みはじめた頃までと言えばよいでしょうか――各家庭でそれぞれの「教育、子育ての流儀」といったものがあったように思います。

勉強できんでもいいから、他人に対してやさしい子になってほしい。先生の言うこと聞かんかったら、どついてやってください。子どものことやから周りにいろんな迷惑をかけると思うんです、でも嘘をつくことは絶対に許さない……等々。家庭訪問や懇談会で、時には血相変えて怒鳴り込んできた職員室で、あふれんばかりのわが子への思いを聞いたものでした。親の言葉からあぶり出されてくる教育論に、私は多くを学びました。

ところが現代になって、わが子をどう見ているのか、どんな子どもに育ってほしいのかなど、それぞれの家庭の教育方針とでもいったものが、とても希薄になっているように思えて仕方ありません。子育てにおいて、「誰がどう言おうと、何がどうなろうと、これだけは絶対にゆずれない」といった、親のこだわりがまったくと言っていいほど聞こえてこなくなりました。

「わが家のやり方、私の考え」を主張するよりも、学校や塾の言うことに、子育てのハウ・ツー本に書かれてあることに、教育問題を語るテレビのコメンテーターの意見に頼り、まかせてしまっていると言えばいいでしょうか。

世の中がせわしなくなってきたためなのか、経済的な余裕がなくなって生活にゆとりが持てなくなってきたからなのか、ゆっくりと子どもの言葉に耳を傾けたり、子どもの姿を見つめたり、いっしょに話し合うことがなくなってきて、学校や塾や、専門家にまかせる風潮が広がってきたと言えるのかもしれません。決してあきらめているというのではないと思うのです。まるで無関心を装っているかのように見えてきます。

大人にとって「学校」も「教育」も、誰もが通過してきた経験であると言えます。中には先生に褒められたり、友だちに囲まれた幸せな日々を思い起こす人もあるでしょう。友だちと言い争ったり、先生の怒声ばかりが耳元で響く人があるかもしれません。いじめを受けた人、いじめた人、それが原因で登校を拒否した人、学校と聞くだけで思わず耳をふさいでしまう人、学校を否定し新たな学びの場を模索している人もいることでしょう。

言いかえれば、学校と教育の問題というのは、子どもであっても大人であっても、誰もが当事者であると言うことができます。肯定しようが否定しようが、目を閉じて耳をふさいでみても、無関心ではおられないのだと、私は考えています。

一人ひとりの経験をくぐり抜けてきたはずなのに、いつの間にか私たちの手を離れ身近でなくなってしまった学校や教育についての論議を、私たちの身近に取り戻したい、それがこの本の目的です。

本書をパラパラとめくりながら、気にかかる話題を見つけ、日常の暮らしの中で街角の世間話が交わされれば無上の喜びです。

ここに掲載する文章は、『生活と自治』（生活クラブ連合会月刊紙）に連載した教育コラム「魂のバトンリレー」(二〇一三年七月号〜二〇一五年六月号)がもとになっています。

編集者から与えられた条件は、一〇〇〇字余りの短い言葉で分かりやすく教育を語るという、私がもっとも苦手とする「書き方」でした。

元来、しゃべればしゃべるほどにもっと語りたくなる、書けば書くほどにさらに書き継ぎたくなる性分の私は、毎回語りきれない、書ききれないもどかしさを残してしまうことになるのですが、かえってその語りきれない、書ききれない空白が読者の想像力を刺激するのか、毎回いただく読者アンケートに、次第に好感をもって迎えられていく実感を得られるようになりました。

二年間の連載を終えた後も、「こういう書き方」で、教育について書き続けてみたいと思いました。雑誌掲載や出版の予定もなく、まったく私的な試みとして続ける内に、教育や学校というものが今まで以上に多面的に見える気がしてきて、それにつれて多くの文章が生まれてきました。大胆に加筆訂正し、新しい文章群を加えて、一冊の本ができあがりました。はたして、短い言葉で教育を分かりやすく語ることができているのかどうか、読後の感想を聞かせていただければ幸せです。

生来の理屈癖ゆえ、あちらこちらに面倒くさい言葉が顔を出しています。暮らしの側の「街角」と、理屈の世界の「共育学」が、きゅうくつそうにねじり合いながら並んでいる『街角の共育学』という書名が、けっこう私は気に入っています。

第一章　学校ってなんだ!?

問題が起こるって、すばらしい！

障害のある子もない子も、国籍の違う子も、民族・人種が異なる子も、家庭環境が違う子も、もちろん性格の違っている子も……、学校ではいろいろな子どもたちがいっしょに生活して学び合っています。学校の財産、宝物です。

でもね、「いっしょにいる」から、問題が起こります。

そして、問題が起こるから学習が生まれるのです。

「共に」いなければ、問題すら生まれません。

だから、問題が起こるってすばらしいと、私は思っています。

学校現場にいる人たちは誰でも、子どもたちとの悲喜こもごものやり取りを経験しながら、きっとそう思っているに違いないと、勝手に合点していたのですが、案外そうとばかりは言っておられないようです。

「問題が起こることはよくない。困る」と考える教員もいるのですね。それどころか、周りを見回してみると、「問題の起こらないクラス」「問題の起こらない保護者関係」「問題の起こらない学校運営」を目標に掲げたり、そのための話し方や授業の進め方、教室の飾りつけ方、学級運営の仕方というようなマニュアルをつくっている学校もけっこう多いことを知ってびっくりしてしまいました。中には市全体の統一した対処マニュアルを市内の学校に配っているところまであると聞いてさらに驚いてしまいます。

「問題を起こしたくない」と考えていたら、実際に起こった問題を隠して見えなくしてしまうことが、往々にして生まれます。周りの教員の目や保護者や子どもたちの目からも見えないように。

「問題が起こらないように予防」しようと目を光らせる人たちもあります。たとえば障害児とほかの子どもがケンカしそうな雰囲気を見て取るや、その間に割って入って、出来事を収めたり、未然に処理しようとします。

「心構え」を説く人たちもいます。「障害のある友だちにはやさしくしなければいけない」「相手が傷つくような言葉を言うべきではない」などと、「好ましい友だち関係の在り方」を教え諭すかのように。道徳の授業でやる場合もあります。「分かりましたか⁉」と教員が問う声に、「はぁーい」と大きな声で答えた子どもたちが、教員の目の届かないところで「ガイジ」と言ってみたり、いじめをする光景は、誰もがたやすく想像できるはずです。

そしてもっとも効率よく「問題を起こさない方法」は、その一番の元を絶つことです。すなわち「共に」いないこと、「分ける」ことです。「ちがっている」ことを理由に、いっしょにいさせないようにすることです。能力別編成の教室で授業をしたり、授業を妨害する生徒だけを別の場所に集めたり、あるいは特別支援学級や特別支援学校のように。

「学校ってなんだ⁉」と聞かれたら、いろんな子どもたちが共にいるところ、いっぱい問題が生まれるところ、みんなで問題を解決するところ、だから学習が生まれるところ、私だったらそう答えます。

〝子ども人〟との出会い

まずは私が教師になるに至った、その誕生秘話からはじめましょう。そもそも学校というものや特に教師がとても苦手だった私が教育大学に進んだのは、当時思いを寄せていた女性がいたから（笑）。でも入ったからには卒業したい、当然ながら教員免許の取得が必須で、しぶしぶ大阪府守口市の小学校へ教育実習に行き、二年生の担当を一カ月させられたんです。

これは衝撃でしたね。子ども一人ひとりの顔、表情、言葉、動き、全部が新鮮だったんです。その時私は自分なりにつづっていたノートに「〝子ども人〟出現す」と書きました。大人とは違う世界に生きる人々、それが〝子ども人〟です。彼らの世界には子どもだけに通用するルールがあって、義理人情もある。もちろん「どうしたん?」とか声をかければ教師の私でも入れてくれますけど、本当に彼らが私を丸ごと迎えてくれているかと言ったら、たぶん違うと思うんですよね。不思議でしょう? 私だってかつては子どもじゃないですか。だけど、大人になっちゃったらもう子ども社会には入れてもらえない。こんな世界があるのかというのがまずは驚きでした。

教育実習で実習生は研究授業を行いますが、私は図工を選びました。担任の先生に助けてもらい、古いカーテン生地を縫い合わせて教室いっぱいに広がる大きな布の画面をつくり、ポスターカラーの大きな壺を用意して絵を描く授業をやったんです。

子どもたちははじめ刷毛でちゅるっと小さな丸を描いたりしていたけれど、だんだん大きなのを描きはじめ、そのうちにポスターカラーの壺にべちゃっと手を入れる子が現れる。次に足形をつけたり画面の上で駆けっこがはじまり、ついには絵具をまいて滑り込みやダイビングをやりだした。最初は「かわいいね」という顔で見ていた立ち合いの教師たちの表情が、だんだんかたくなっていったのを今でも覚えています。その後担任の先生はシャワーで子どもたちを洗って服を洗濯機にかけ、保護者あてにお詫びの手紙を出してくれました。本当にすてきな先生でしたね。

そんな教育実習の最後の日。先生方に挨拶をしていつも乗るバス停で待っていたら、一〇人ぐらい子どもたちが集まってきたんです。びっくりしました。私がいつ現れるのかずっと待ってくれていたのでしょうね。ひとしきり話をしてバスに乗り、後ろの車窓を見たら、子どもたちがバスを追いかけてくる姿が見えたんです。運転手に頼んで急停止してもらい、ハタと子どもたちを抱きしめたら、まるでテレビドラマの感動シーンを見るかのようです。そうはしなかったのですが。

その時私は決めました、教師になろうと。教育って面白い。それは大人が子どもを囲んで寄ってたかって共に育てようとする営みです。その輪の中に私も入れてほしいと思ったんです。

「先生」ではなく「松森さん」

学校というのは不思議なことに教師がお互いを「先生」と呼び合います。でも、私は同僚を名前で呼んでいました。あくまで感覚的なものだけれど、「○○先生」と呼び合ったら相手の性格や個性をオートマチックに省いてしまっているような気がするのです。

私は「松森俊尚」という一人の人間だし、社会人ですよね。同じようにそれぞれがおっちゃんであったり、おばちゃんであったり、家庭を持っていたり、子どもや妻がいたりする。家に戻れば介護を必要とする高齢者がいるのかもしれない。あるいは独身かもしれない。さまざまな人がいて、その人その人の暮らしや歴史がある。

ところが「先生」と呼び合ったら、見事にお互いの生活や個人史が消えてしまうような気がするのです。たとえばある男性の教師がいるとしましょう。家に戻ったその人は、近所の子どもたちから見れば、面白いことをしてくれるやさしいおっちゃんかもしれません。でもひとたび校門をくぐって「先生というもの」に変身したら、教室の中で絶大な権力を持つことになります。体罰だってできてしまうのです。

「先生」と呼び合う仲間意識のために、周りの教師はそのふるまいを見過ごしてしまったり、不自然さや歪みを批判できなくなってしまうかもしれません。学校というものが暮らしや地域とかけ離れた、閉鎖的な空間になってしまうように私は思います。

そういう私も学校に勤めて給料をもらっていたのですから「先生」の世界にいた。自信がなくて、割りきれない気持ちを引きずりながら、それでもなんとか「先生」という呼称を使わずに教職員の関係をつくれないかと、弱虫なりに勇気を奮ったりしたものでした。

そんなことを繰り返していると、私の周りではお互いに「〇〇さん」と呼び合う教員同士の関係が生まれてきました。不思議なことに、それにつれて、教員と子どもたちの関係が変わりはじめ、休み時間にいっしょに遊ぶ姿や、授業の雰囲気、授業づくりの方法までが変わってきたように思えてきたものでした。

もっとも、私はニガテな教師に対しては、「〇〇先生」とあえて語尾に強くアクセントをつけた呼び方をしていたのですが。

　ひょっとしたらこうしたことは、学校以外の場面でもあるのかもしれないですね。ある雑誌編集者から、子育て世代の人の投稿では「○○ママ」、「□□の母」というペンネームを名乗る人がとても多いという話を聞いたことがありますが、なんらかの役割や属性に自分や他人を当てはめることで安心するということが、日本文化の伝統の中にあるのかもしれません。

　話は変わりますが、よく「昔の子どもと今の子どもは違う」と言われます。確かに、一〇年どころかもっと短い時間軸で子どもたちが変わっているという印象が私にはあります。社会がこれほど目まぐるしく変わるのですから、子どもがその影響を受けないわけがありません。

　でも、私たちの前には昔も今も常にいろいろな子どもがいて、教師の言葉が通じなかったり授業がうまくいかなかった場合がいっぱいある。それを「仕方ない。そういう世代だ」と言えば、あきらめになってしまいます。

　私は、世代論でひとくくりにして判断したくないですね。それぞれ違っている一人ひとりとどうつき合うかを大事にしたいと思います。世代が変わっても子どもたちはすばらしい力を持っている。その確信が私にはあるからです。

無精に伸ばしたあごヒゲとジーパン。おおよそこれが私のスタイルの定番で、ほとんど定年退職するまで変わらぬ装いでした。もっとも頭はすっかり禿げあがってしまったのだけれど。

新任教師として初めて赴任した学校で、私の頭から足先まで睥睨《へいげい》するかのようであった校長が、「学校でジーパンとはねぇ」とつぶやいたのを覚えています。

「ジーパンをはくな」と言いたかったのか、それとも「ま、仕方ないか」と言おうとしたのか、述部のはっきりしない物言いであったため、言われた私の方は「そんなものかなぁ」と思った程度で、別段気にも留めずに過ごしました。

一カ月も経った頃、同僚の若い教師の中でジーンズを着用するものが何人か現れてきたから面白い。とにかく動きやすい。どこにでも座り込めるし、膝立ちしたり、走り回ったりと、子どもたちとつき合うには恰好の衣服だと私は思っています。

着替える必要もなく通勤できるし、街中をさまようこともできます。何事につけて怠惰が先行し、ましてや身につけるものをコーディネートすることに興味を持ちえない私には、うってつけの衣服だと思っていました。ネクタイを締めることは年に一、二度あるかないかです。

「どうしてヒゲを伸ばしているのか」と聞かれることもあります。改まって言うほどの理由があるわけでもないので、説明するのも煩わしく、「この一本一本に思い出があるんです」とヒゲをなでながら、片目をつむってやり過ごしたりしていました。

しかし教職に就いて何年かする内に「ええ、私のファッションです」と答えるようになりました。教師はファッショナブルであるべきだと、確信めいてそう思うようになったからです。

どう見ても美しさとは無縁の、ろくに手入れもしないヒゲと、くたびれたジーパンをまとう私のどこがファッショナブルなのかと言われそうですが、誰に強制されるのでもなく、自分の着たいものを自分で選択して、着たいように身につける流儀がファッションだと、私は勝手にそう決め込んでいます。

むしろそうした流儀が通用しない、むしろ排除してきたのが学校というところであると、教師として着任以来三六年間、ついに退職にいたるまで身に染みて感じさせられてきました。

反体制のシンボルとか、学校という制度に挑戦するとか。大上段に振りかざして言うつもりは毛頭ありません。自分の好きなスタイルで過ごしたい。自分を解放できる格好で子どもたちとつき合いたいというだけのことなのです。

私にとってのファッションとは、そういう意味を持っています。

能力神話はいかにして生まれたか

まるで「なぞなぞ」のような質問です。第一問。構成員を全員集め、二列縦隊に整列させ、ひときわ高いところから話したり指示を出したりするところはどこでしょうか？　第二問。移動するときに列をつくり、整然と歩くことを強要するところはどこでしょうか？〈なんとなく分かってきましたか？〉。第三問。同じ色、同じ形の衣服を着用し、同じ帽子をかぶることを強制するところは？〈軍隊と、刑務所と……ええっと、それから〉。では、第四問。構成員のみんなが同じところに集まって、同じ食器で同じものを、一斉に食べるところは……〈軍隊と、刑務所と、それから学校〉。まだまだ思いつきそうです。

この「軍隊と刑務所と学校」の三者の符合はたまたまのめぐり合わせと言うべきなのか、それとも必然性を持った符合と言うべきなのでしょうか。この符合には明らかになんらかの意図があると私は感じるのです。

日本の近代教育がスタートしたのは一八七二年（明治五年）の学制発布からですが、それはヨーロッパの強大国に「追いつけ、追い越せ」が目標とされました。一方のヨーロッパでは「人間とはなんぞや」とか「我思う、ゆえに我あり」なんてことを五〇年も一〇〇年も考え続ける学問の世界がありました。日本としてはそんな時間のかかる七面倒くさいことはやっていられない、いかに早く効率よく結果を出すかに必死だったんです。

つまり、明治以降の日本の教育制度には、富国強兵をめざすための国家の〝装置〟という面が基本的にあったような気がします。個々人の「ちがい」を排除して、いかに効率よく技術や知識を教えるかに重点が置かれていて、「ふしぎだな、なぜだろう？」と疑問を持って考えるという学習の方法は取り入れられなかったということです。

それが一四〇年以上の時を越えて、現代にも連綿と続いているとしたらどうでしょう。チョークを持った先生が黒板の前に仁王立ちして教える画一的な一斉授業は、今でもふつうに見られる教室の光景です。知識を効率よく伝える授業が求められ、能率よく定着させるテストが繰り返されます。

これに対して、子どもが自ら問題を見つけ解決していくような学習に取り組みましょう、子どもの学ぶ力を取り戻しましょうと言ったのが、いわゆる「ゆとり教育」です。

でも、その教育改革は否定されてしまいましたよね。マスコミはこぞって「ゆとり教育では学力は低下する」という風潮に沿った報道をしたし、私たち国民も結局それを支持したんじゃないかなと感じるんです。

その理由は何かと言えば「日本の頑迷《がんめい》なる能力神話」の存在だと私は呼んでいます。すべての国民を能力主義というたった一つのモノサシで序列化しようとする意図が、この国には今も存在し続けていると思っています。文科省が「アクティブ・ラーニング」とか「主体的対話的で、深い学び」と、学びの方法を提案しても、すべての教室に電子黒板が設置され、一人一台のタブレット端末が準備されるくらい環境が激変したように見えても、幼・小・中・高校、大学へと一直線につながる受験勉強、受験競争の流れは、さらに激しさを増すばかりです。明治以降続く、効率・能率を重視する教育の結果です。

東日本大震災と福島第一原子力発電所の未曾有の事故がもたらした「原子力の安全神話」の崩壊は、私たちが検証批判する労力と責任を放棄して「まかせてしまうことの危険性」と「参加することの必要性」を、多大な犠牲の上に露呈させ、教訓として残しました。「ふしぎ」を探究する学習や「なぜだろう」と考える教育を疎かにしてきたツケではないでしょうか。明治以降続く、効率・能率を重視する共育の結果です。教育の営みも「人まかせ」にしてはいけないのです。能力神話にからめとられないためにも。

学校が牙《きば》をむくとき

今、二葉の写真と向き合っています。一枚は、小学校の校門の前にいる車いすに乗った少年と、閉じられた校門を隔てた向こう側で、胸の前でかたくなに両腕を組んだまま、身じろぎもしない姿勢で背中を向けて立っている、三人の教員と思しき男性の姿。

もう一枚は、高さ二メートルの鉄柵を張り巡らした区役所正面入口前。鉄柵を挟んでたたずむジャージの体操ウエアを着た少年と、向こう側で制服のコートに腕章をまいた屈強な男たちがずらりとガードする姿。

教員たちや、動員された六〇〇名の区の職員たちが列をなして居並び、ロックアウトしているのは、地域に住む脳性マヒがある一人の少年です。

少年の名前は金井康治《かないこうじ》くん。四〇年近く前、養護学校ではなく弟が通っている地域の普通の小学校へいっしょに通いたいという、自然な気持ちであたりまえの要望を上げたところ、学校も教育委員会も区役所もそれを認めず、要望に対してかたくなに拒否を続けました。

当時、障害児がますます健常児から分けられてゆく「養護学校義務化」に反対する運動や、障害者解放運動が全国的に広がりを見せる中で、康治くんに対する支援の輪も広がっていったのでした。

三五年ぶりに復刻された写真集『康《こう》ちゃんの空』（千書房）を手にしながら、「学校が牙《きば》をむく」という言葉が私の脳裏に閃きました。このような運動や激しい排除は、今にしてみれば異様な光景に見えるかもしれないけれど、しかし現在でも全国のさまざまな地域のさまざまな学校で、学校が子どもや親に対して牙をむくことがあるのではないかと、不安が心をかすめるのです。障害者権利条約が批准され、障害者基本法や障害者差別解消法に「全ての国民が、障害の有無によって分け隔てられることなく、相互に人格と個性を尊重し合いながら共生する社会を実現する」（障害者基本法第一条「目的」）と謳われているにもかかわらず、障害児が地域の小中学校への就学を認められなかったり、高校受験で不合格にされる事例は数多くあります（第六章参照）。

とってもとっても単純な原則に立ち返って考えてみましょう。つまり「学校は誰のためにあるのか？」と。「そりゃあ、子どものためでしょ！」と言われるかもしれませんが、そう簡単でもなさそうです。だって、「お国のために」とか、「経済発展のために」とか、「世界競争に負けないために」と言う人もきっとあるに違いありません。

四〇年前に康治くんの前に立ちはだかった巨大な権力の壁は、もとをただせば、教育委員会の「あの子にとっては、今機能を回復させることこそが大切なのです」という、「子どものため」のやさしい「思いやり」と「配慮」の言葉からはじまっているのですから。「子どものために」と言いながら子どもを学校から排除することが起こってしまうのです。いったい誰が決めるのでしょうね、「学校は何のためにあるのか、誰のためにあるのか」ということを。

「学校が牙をむく」ことはいつでもどこでも起こりうるし、実際にいたるところで起こっているのではないかと思います。一方で牙によってかみつかれた傷口が、一人の子どもや、その親にとってどれだけ深いものであるのかを、なかなか学校の側に立っていると想像できないのです。

学校の後ろにそびえたつ巨大な力があることを、二葉の写真は如実に物語っています。

モンスターってなんだろう!

教育という営みは教師だけじゃない、お母さんやお父さん、おじいちゃん、おばあちゃん、近所のおっちゃん、おばちゃんもやる。通りすがりの人だってかかわるわけです。しかしひょっとしたら教師は親よりも長い時間子どもとつき合っているのかもしれません。その分親とは違ったかかわり方ができるのかもしれないという面白さを感じることもあります。

だけど、たとえどんなに子どもにつらく当たっているように見えたとしても、子どもに対する親の愛情というのは私たち教師にはとても太刀打ちできるものではないと思わされることもあります。

ある時、教育熱心で私に批判的な親がいました。松森学級の勉強は遅れている、頼りないと言うのです。二学期の個人懇談会の時、とても難しそうな顔をして座っていました。子どもについて「障害のある友だちに、いつも言葉をかけていっしょに遊んでいますよ」とか、「算数で彼はこういうノートをつくって、一〇分間もみんなに説明してくれたんですよ」というような話をしていたら、「先生はうちの子のいいことばっかり言う！　だめだ」と言うのです。

なんでですかとたずねたら「これまで教師に褒められたことがない」と返事がありました。今までの個人懇談ではいつも成績表を示されながら、「この教科をもっとがんばってもらわないと」と指摘された。いいことばかり言う先生は初めてや。うちの子がそんないいわけがないと言いながら、ボロボロボロッと涙をこぼして泣き出しました。

たぶん、私の考える子どもに対する価値観とこの人の価値観は全然違ったんでしょうね。きっと親は親で学校に対して、教師に対して身構えていたんだと思います。でもその一件以来、この人はがらっと変わって、とても協力してくれるようになりました。

モンスターペアレントという言葉がありますよね。モンスターというのは得体が知れなくて、相手が何者か分からない。だからものすごく怖いんですね。向こうもこちらを「モンスターや」と思っているかもしれません。でも、今話したみたいにかかわりが生まれてくると、理解できない面はありつつも、相手のことが分かってくるんです。私の経験では、モンスターはいなかった。「子どものことが分からない。将来どうなるか心配だ」と悩み果てていたり、限られた価値観にしか触れていないために苦しんでいる親もいる。たとえ親と教師の考え方が違っていても、お互い子どもを育てたいという願いはいっしょなんだから、それを共有して話をすることができたら、きっと楽しいし信頼関係がはじまるんじゃないかと思います。

ペアレント、そのパワーたるや！

親たちのパワーのすさまじさを身にしみて感じたことがありました。教師になりたてだった私は、しょっちゅう保護者に叱られてばかりいました。懇談会で「漢字はどんな勉強をしているのですか」と聞かれ、「きのうも『クニガマエ』の中に『王』と書いたら国で、『人』と書いたら『囚人』というのはおかしいわ、とミキさんが言ってくれて、にぎやかな話し合いになりました」と、子どもたちの顔を思い浮かべて嬉々として答える私に、「ほかのクラスから遅れてるのを知らないんですか。教育委員会に言いに行きます」と、席を立たれたこともありました。

宿題が少ないとか、テストをしないとか、教え方が下手だとか、いろんな噂が広がっていたに違いありません。一方で子どもたちは、自分たちがしっかりしなければとんでもないことになると危機感を募らせるのか、うるさい代わりになんでも話し合える教室の雰囲気が気に入っているのか、担任を頼らずにクラスの活動や学習に一生懸命に取り組みます。その姿が保護者たちを巻き込み、子どもたちと保護者たちと、頼りない担任が奇妙なスクラムを組んだ学級集団ができあがっていきました。

六年生の一学期が終わる頃、夏休みに宿泊でクラス合宿をやろうという話が持ち上がりました。ところが校長が認めません。「クラスで合宿をしたいのですが」と、恐る恐る伝える私の話を途中で取り上げて、「なんかあったら責任はどうするんだ」と、ぴしゃりと反対されて取りつく島もありません。

そこで登場したのが学級委員のお母さんたち三人。私を引き連れて校長室に入るや、いきなり切り出しました。「私ら親が子どもたちを連れて行くんです。そらたまたま旅行していた松森センセが、偶然にもみんなと出会って、のぞいてみるということが起こらへんとは限りませんけどな」と、片目をちらっと閉じて校長の顔をのぞき見るのです。

セピア色に変色した当時の集合写真を眺めてみると、クラスの子どもたち全員と、そのきょうだいと、つき添った親が一三名、総勢五五人の大旅行が実現しました。昼間は川で水遊びに興じ、夕食は焼肉店を営むお母さんが大活躍のバーベキュー。夜は宿の大広間で出し物大会。子どもたちの班ごとの出し物に引き続いて、なんと親たちがいつの間に練習したのか、歌と芝居で盛り上げます。やんやの大喝采が夜遅くまで続きました。

各家庭との連絡から、宿の予約、買い出し、つき添いの配置、道具の運搬、会計などを一手に引き受け、おまけに子どもたちに負けぬくらいに楽しんでしまうパワーに圧倒されてしまいました。「すごい」と感嘆したのと同時に、間違っても「敵に回してはならぬ」と、肝に銘じたものでした。

同窓会という不思議な関係

私が最初に担任した、現在五〇歳を過ぎた「子ども」たちが、頻繁に同窓会を続けています。ことの発端は二〇一二年に遡ります。その年の三月末に退職した私は、四月二日に心不全でICU病棟に緊急入院、生死の境をさまようことになりました。

「松森が死にかけている」と聞きつけた人たちが「同窓会をやろう」と声を上げ動きはじめました。卒業から三三年、所在を確かめるのも手探りの大変な作業にもかかわらず二四人が集まる大同窓会を開いてくれました。職業も生活環境も個人史もまったく異なる人たちが、出会った瞬間に時空を飛び越え一挙に心開き交わるのですから、同窓会という不思議で心地好い人間関係に驚いてしまいます。以後も一年に二回を超えようかというペースで開かれ、毎回新しいメンバーが顔を見せ、連絡先や近況が報告されています。

毎回参加する中にタケシがいます。私が新任で受け持ったのは三年生の時ですが、彼のケンカの仕方は子ども離れしていて、まるで手慣れた大人のようなふるまいでした。目が合うと笑いながら逃げ回り、隙あらば教室から飛び出そうと、その機会をうかがっているようにも見えました。ある時、タケシが教室を飛び出しました。私が追うとタケシが逃げる。追えば追うほど逃げ回り、いったんは無視して平静を装いながら授業を進めるのですが、折からの雨の中、私も尋常なままではおられません。

給食時間に廊下にたたずむ彼の姿を目にした私は、いきなり腕をひっつかんで教室に連れ戻しました。その時です。彼の口から「黙ってたらいい気になりやがって、後で思い知らせたるからな……」、鋭く威嚇する言葉がほとばしりました。私はひざまずき彼の両肩をつかみながら「教室から逃げずに堂々と闘え」と本気で向き合うしかありませんでした。「教師に向かって対等に挑みかかる子ども」がいるという経験は、新米教師ののんびりした子ども像を一気に突き崩してくれました。

そのタケシは現在、朝の五時から大型トラックを運転し、夕方から夫婦でたこ焼き屋を営んでいます。配送の途中にわが家に立ち寄っては、「高校からパンクロックのバンドをやってて、〝ヴォーカルのタケちゃん〟といえば、ライブハウスでもけっこう人気があってんでぇ」などと話します。「ロックのたこ焼き食べに来てえや」と招かれて訪ねたその店の名は、「キング・オブ・タッコンロール」。厳しい仕事に就きながらも、ロックな人生を楽しもうとするタケシの顔に、少年時の純粋さと挑みかかるようなエネルギーが見えました。

この同窓会では、毎回サプライズな報告が飛び出したり、初耳の事実や裏話が出てきたりで、いつも場が盛り上がります。

前述した夏休みの大旅行もこのクラスです。もう誰の心にも、言われてみればそういうこともあったなぁと、セピア色に変色した思い出として浮かぶ程度で、その場所すらつまびらかに思い出すことができません。ところが、古ぼけた学級通信や写真を手にしながら記憶をたどり、探し回って、ついに「その場所」を発見、写メに撮って披露してくれる人があるのですから驚いてしまいます。「みんなでもう一度泊まりに行ってみようや」と声が上がります。熟年となった「元子どもたち」の心にポッと小さな炎がともったように、得もいわれぬ表情が浮かびました。

一方で、闇に葬られていた真実が三八年の時を超えて暴かれることも……。

五年生の図工の時間は、一年間「木を描く、木をつくる」ことに取り組みました。近くの神社に行って境内の木を写生することからはじめたのですが、来る日も来る日も木を描き続け、描けば描くほど木の絵が上に伸びたり横に広がったり、画用紙が何枚にもつながって伸びてゆきます。

やがて「ほんものの木をつくりたい」との声が上がり、木づくりがはじまるのですが、とても教室では対応できないことを悟るや、子どもたちは校長先生と交渉して木造平屋建ての空き教室を借りてしまいました。ダンボールや木片やら、針金、麻縄……など、いろいろな材料や道具を使って実際に木をつくり出し、木の中で学習したり給食を食べたり、生活するようになりました。

そんな木づくりがはじまったばかりの二学期のことです。教室の後ろには毎日のように各人が集めてくるダンボールが日ごとに積み重ねられてゆきました。おまけに夏休みの夜店で「ヒヨコ釣り」なる奇妙な屋台があり、釣り上げたはよいが家で飼えなくなったヒヨコを教室に持ってきた人がいて、ダンボールで鳥小屋をつくって飼っていました。ヒヨコの成長は目覚ましく、ついには楽々と小屋の壁をジャンプして飛び越え、教室中を闊歩するようになりました。

ダンボールにうずまり、木づくりの道具が所狭しと並ぶ教室で授業をするのですが、おまけに成長したヒヨコ（ニワトリ）がけたたましい鳴き声を上げながら子どもたちの足元を走り回るという、すさまじくも恐るべき光景となりました。とはいえ子どもたちはけっこう楽しく過ごしていたようにも思います。確かその教室で授業参観もしていたことを思い出します。

同窓会でそんな思い出話が交わされていたときに、ふと「そのピーちゃん（と名づけられていたようです）がいなくなったよな」との声が上がりました。確かに私の記憶でも、ピーちゃんは姿を消しています。「どうしたんやったかな？　みんなで食べたりはしてないしな？」と、頭をひねっていると、ミヤコさんが、少々酔いのまわった口調で「ヒヨコ釣りして、家で飼われへんから私が持ってきたの！」と、語気強くしゃべりはじめました。「それでぇ？」みんなの目が集まります。「みんながもううるさくて困ってるから、私が持って帰ったの‼」「ええー‼」一斉に声が漏れました。

ミヤコさんはさらに言いにくそうに、言葉を探すように間をおいてから、「ピーちゃんを連れて帰ってしばらくしたら、羽がいっぱい落ちてたときがあって、その時お母さんが『親戚のおばちゃんが赤ちゃんを産んだときに、その命と替わったんよ』と話してくれてん」。注目する顔に向かって、さらに意を決したように力を込めて、「ついこないだな、お母さんが『実はな、あれ家族みんなで食べてんで』と言うたんや。三八年間隠してきたこと聞いてしもうてん。うちの家貧乏やったから、みんなでピーちゃん食べてんて」。

ミヤコさんも驚愕の真実にさぞや驚いたことでしょうが、居合わせた者皆が、三八年ぶりに判明した真実を知ることになったのでした。当時の教室の喧騒や自分たちの子ども時代の姿やら、すばしこく走り回るピーちゃんの姿を頭によぎらせながら。

世間話のすすめ

五年生を担任したときでした。始業式から一週間ほど経った頃、一人の女子が頬を紅潮させて手紙を差し出しました。「もっと宿題を多くして、勉強も進んでほしい」と書かれてあります。「きのうお母さんにお勉強ちょっとくらいすすんでるのと聞かれました。私、先生、たよりがえのない人や、とうわさがあって、びっくりした。自分もそういう気持ちになりそうです」。最後に算数の五つの計算問題を書いて、「答えとやり方を教えてください」と添え、「先生、ぜったいにうわさは信じません」と結ばれていました。

自分の担任が「頼りがいのない先生」と聞かされた子どもの悲しみはどんなだったでしょうか。しかも「先生はちゃんと教えてくれる」と、私を弁護する証拠にしようと考えたのか、算数の問題まで用意してくれるのです。

「その手の噂」は、私が定年退職するまで変わらなかったのではないでしょうか。少なくとも「しっかり勉強を教えてくれる先生」という風評はついぞ耳にしたことはありませんでした。

四月は、保護者たちが噂話に花を咲かせます。さしずめの話題は担任に関する情報交流でしょうか。男か、女か、若手か、ベテランか、独身か既婚か、教え方の上手下手、果ては教師の家庭事情にまで広がることも。

噂話が弾む一方で、日本人は世間話がニガテなのかと思っています。たとえば会社帰りの立ち飲み屋で、通勤電車で、あるいはスーパーのレジで、公園で子どもを遊ばせながら、原発の再稼働や集団的自衛権、教育改革の問題について……などを話し合う場面はまったくと言っていいほどありません。自分たちの暮らしに深くかかわることなのにと思うのですが、意見の違いを認め合う人間関係など想像できないのかもしれません。

世間話をしながら考えるとか、共感を広げる、政治にアクセスするといった習慣というか、流儀がないと言えばいいでしょうか。世論の行方は専門家やテレビのキャスター、評論家、時には芸能人のコメンテーターにまかせることになってしまっているようです。角川の国語辞典の説明によると、世論とは「世間一般の意見」のことですが、世論を世間以外でつくっていると言えるのかもしれません。

「憲法九条がね……」、隣の人にひと声をかける勇気が社会を動かすと言えば大げさすぎるでしょうか。噂話で終わらない世間話が街角のあちらこちらで交わされれば、私たちの国や社会も、私たちの暮らし方もずいぶん変わるのになぁと思っています。

第二章　子どもが育つ仕組み、育てる仕掛け

半世紀の時を超えたプレゼント

私が最後に在職したセイビ小学校は創立から五〇年を超えた学校ですが、地方財政の逼迫というお決まりの事情により、古ーい校舎と施設を使い続けています。鉄製の窓枠はさびついて微動だにしないものもあったり、梅雨時期には一階校舎の床が盛り上がり、放課後技能職員さんが隆起した床板を金づちで平らに打ちつける様子も見慣れた光景になっています。廊下が狭い、教室で校内放送の音量が変えられない、教室にコンセントが一つしかない……などと、数え上げれば切りがありません。

ところがどっこい、悪いことばかりじゃないんですね、物事は。校舎の南館は長さ一〇〇メートルに及ぶ二階建て。三年生の算数の「長さ」の授業で、子どもたちが巻尺や、竹ざしや、三角

定規（?）を駆使して測ったのですから間違いありません。西側には、子どもたちや職員が「新館」と呼ぶ古い（?）三階建て、北側は木立の林と二階建ての公民館、東側はもっとも古い二階建ての小さな校舎、つまり四方に位置するどの建物も低いのです。

だから小学校に足を踏み入れると急に視界が広がって、大きな空と運動場という大地に挟まれることになります。登校して来る子どもたちはいろんな出来事や思いを抱えて校門をくぐります。楽しいことばかりではありません、出がけにお母さんに叱られたとか、友だち関係や、中には生活事情の悩みを背負う子どももあるかもしれません。でも、どの子も一歩校門をくぐると空と大地に囲まれた大きな空間の中に身をゆだねることになります。

探偵ごっこをしていても、サッカーボールを蹴っているときも、ドッジボールやなわとびをしていても、休み時間に友だちと話しているときも、ひょっとしたら友だちとケンカしているときだって、知らず知らずの内に、きっと大きな空が視界のどこかに映っているに違いありません。

教室はすべて一階と二階にあるので、休み時間はすぐに外に飛び出すことができるし、六年生が廊下伝いに一年生の教室に遊びに行くことも頻繁にあります。

これから大規模改修で建て替えるとなれば、合理性、利便性、経済性を優先した四階建ての瀟洒な建物になるのだろうと思うと、半世紀以上も前の社会が残してくれた、子どもたちを豊かに育てるための仕組み、プレゼントだと思うのです。

よく職員で話し合ったものです。校門を入ると、教室でも、運動場でも、体育館でも、トイレでも、廊下でも、そして授業時間中も、休み時間も、給食時間でも、放課後でも、つまり学校のいたるところで、いつでも、「子どもが育つ仕組み」が機能しているような学校にしたいものだと。音楽会や、食教育や、地域の人を巻き込んだ総合学習やら……と、子どもたちの顔を思い浮かべながら、職員同士で「子どもを育てる仕掛け」についてにぎやかに話し合った時間は、とても楽しいものでした。

子どもを壊す仕組みもいたるところに

ある日出勤して職員室に入ろうとすると、入口のドアに「子どもは二回ノックしてから、失礼しますと言って入ります」と書かれた張り紙がしてありました。校長に聞いても要を得ません。職員朝礼（打ち合わせ）で「どなたが張ったのか、理由を聞かせてほしい」と質問するのですが、答えが返りません。

どうしたものかと思案していると、なんと翌日には、廊下の電灯のスイッチの横に「子どもは電気をつけません」との張り紙がしてあるではありませんか。私はもう（ハゲチャビンの）頭から湯気を出すくらいの勢いで、「子どもたちをどう育てていくのかという、大事な教育論の問題として話し合いたい」と職員会議を要求しました。

なぜ子どもが電気をつけてはいけないのか？「つけっぱなしになっている」のははたして子どものせいなのか、むしろ我々職員が忙しさにかまけて消し忘れ、節電の意識をなくしているのではないか。あたりまえのことながら、職員室はほかの教室とくらべて一段高い権威のある空間ではありません。職員室にやってくる子どもたちにはいろんな理由があります。友だちのいるところでは言えないことを相談にくる人もいます。私もその人の人生に大きな影響を及ぼしかねない相談を受けたことも何度かありました。気持ちを落ち着かせたり、話すことで自分を整理するためにやってくる人もいます。先生に相談したい、悩みを打ち明けたいと思いながら、その問題を抱えるだけで心がいっぱいなのに、さらに職員室に入るルールを強制されてしまっては敷居が高くなって、入口をくぐるだけでも大きなハードルになってしまうでしょう。

ルールや指示を一方的に張り紙で知らせたら子どもは従う、従わなければその子が悪いと考えるのは、教師の幻想であり、その裏には教師の権威主義や傲慢があります。江戸時代の殿様が庶民に寄り添って気持ちをおもんぱかったりすることなく、いきなりお札・高札を立てて決まりを知らしめすのと変わらない、上下関係と、守らなければ罰則を与えるという権力を背景にした脅しの構図が存在しているのです。

何よりも問題なのは、張り紙をする行為には「子どもとのかかわり」がありません。いや、教師の方から関係を切っているのです。時間がないから、ひょっとしたら怖いからかかわりたくないという本音までが見えてきそうです。これが常態化すればたちどころに教師の教育力はなくなってしまい、当然子どもも育ちません。子どもを育てる機会は、私たちの身の回りのいたるところにあります。しかし同時に、子どもをつぶす機会も身の回りのいたるところにあるのです。

職員会議の翌日、張り紙は「気がつけば、いつの間にか」なくなっていました。これも困ったものですが、子どもに向かっては平然と指示や命令をするのに、いざ職員間で教育論を語り合おうとすれば、声をひそめてしまう事なかれ主義は、いかにも学校らしい一面でもあると、私は思いました。

子どもを育てる仕組みの屋台骨

学校にはそれぞれ工夫を凝らした「子どもを育てる仕掛け」があるものです。合唱や演奏を披露する音楽会とか、一年生から六年生がいっしょに取り組む縦割り活動、あるいは給食時間や休憩時間にその学校ならではの特徴ある取り組みが行われているとか。話し合い学習を中心にした授業づくりや、学校図書館活動であるとか……、全国津々浦々すべての学校でさまざまな工夫がなされています。その中でも、「これがわが学校の子どもを育てる屋台骨」というものがあるに違いありません。

セイビ小学校の屋台骨は児童集会です。水曜日の朝は、全校の子どもたちと教職員が体育館に集まります。中には眠たそうに生あくびをする人もあれば、朝からケンカをして泣きはらした目をしていたり、まだおさまらぬ怒りを発しながら先生といっしょに座っている人もいます。遅刻してランドセルを背負ったまま入ってくる人もあります。みんながいろんな朝の思いや体調の変化を持って参加するのですが、いったん児童集会がはじまると子どもたちの目の色が変わり、舞台に上がった友だちの話や演技にのめり込むように目を見張り、聞き耳を立てます。それほど児童集会は面白いのです。

なにせ歌あり、劇あり、演奏あり、プレゼンあり、研究発表あり……、しかもどの発表も一生懸命練習して真剣に演じるものばかりで、思わず見る側・聞く側も真剣になってしまうというわけです。面白くないわけがありません。児童会が主催して、代表委員の人たちが企画、運営、進行にあたるのですが、「次は私たちにやらせてください」「集会で発表したいんやけど」「みんなに聞いてほしいことあるねん」などと、委員会や学年、クラス、グループから、時には個人から、次から次へと発表の申し込みが児童会に届いて時間が足りなくなってしまうくらい人気があるのです。子どもたちは興味津々の目をギラギラ光らせて舞台の上の友だちを見つめたり、時には自分がみんなの前に立ってドキドキワクワクしながら発表したりする経験を積み重ねながら、「話すってこういうことなんだ」「これが聞くってことか」「発表する、伝えるのはこうすればいいんだ」ということを身につけていくのだと思います。

教室で、先生が「静かにしなさい」「手遊びせずに聞きなさい」「しっかりした声で意見を言いなさい」と、ちょっぴり怖い顔をして指導するよりも、自然に聞く力、話す力、伝えようとする意欲を学んでいるのではないでしょうか。だって、聞くことはとっても面白いし、期待して目を向けてくれているみんなに話すのは気持ちいいんだってことを知っているのですから。

子どもたちだけではありません、先生たちにとっても子どもの見方が変わったり、子どもの力を再発見したり、自分の授業の進め方を振り返ったりすることにもつながっています。児童集会はセイビ小学校の教育の屋台骨を背負っているのです。

子どもを育てる仕組みの第一は、「共にいる」こと

「子どもが育つ仕組み、育てる仕掛け」の第一は、「共にいる」ことだと私は考えています。障害のある子もない子も、国籍や民族の違う子も、家庭環境の違う子も、おこりんぼうの子も、泣き虫の子も、無口な子も……、お互い違いを認め合いながらいっしょにいることです。

こんなことを言うとすぐに「何を甘っちょろい」という言葉を投げつけられてしまうような気がするのですが。「松森の言うことは理想論や」「授業は面白いけれど、受験勉強には役立たん」「競争社会の厳しさが分かってない」などと、教員や保護者からも批判を浴びたりしたものでした。だって、「子どもたちがゆとりを持って学ぶことができる教育改革を」と提唱されたときに、「ゆ

とり教育」なるレッテルをつくり上げて、マスコミと世論が一斉に「学力低下論」の声を上げるような社会なのですから。

極めつけは「弱肉強食の世の中だ」と。つまり競争は人間の本能であり生物の本性なんだから、強いものが勝ち残り弱いものが落ちこぼれていくのはあたりまえなんだ。そもそも戦後教育は、能力のあるものの足を引っ張る悪しき平等主義であると、テレビ画面や新聞雑誌の見出しの文字を躍らせて、口角泡を飛ばしてしゃべる政治家や学者や評論家のこわもてが想像できます。「共に生きる・共に学ぶ」というのは、マシュマロみたいに甘くってふにゃふにゃの夢物語にすぎないのでしょうか。

生物学者の本川達雄さんはサンゴと褐虫藻《かっちゅうそう》（藻類《そうるい》）やサンゴガニとの共生とリサイクルの関係を述べながら、「サンゴ礁は様々な生物がいるからこそ、それらの間に、思いもよらない共生関係が進化してきたのです。そして、その共生が生み出す豊かな世界が、サンゴ礁のさらなる生物多様性を生み出してきたのでしょう」（『生物学的文明論』新潮新書）と書かれています。

また文学者の内田樹さんは、「結婚」について語りながら、「婚姻は葬礼がそうであるように、人類と同じだけ古い制度である。社会集団は無数に存在するが、婚姻制度を持たない集団は存在しない。あるいは婚姻制度を持たない集団もあったのかもしれないが、人類学が教える限り、そのような集団は一つとして生き残ることができなかった。『他者と共生する』という能力だけが、人間が生き延びることを可能にしているという真理を、この人類学的事実は告げているのではないか」(『街場の現代思想』文春文庫)と書かれています。

「共に生きる」とは、決して夢物語の理想論ではなく、むしろ人間が本能的に希求するものであり、それこそ人間が生き延びていくための力であると私は考えるのですが、いかがでしょうか。

いろいろなかたちの〈時間〉と、色とりどりに輝く〈空気〉が流れる

大発見したことがあります。ちょっぴり長いその話を聞いてください。

〝「障害児」の高校進学を実現する全国交流集会〟という全国規模の集会を大阪で開きました。障害当事者も多く参加する実行委員会に私も加わらせてもらっていたのですが、会議を重ねる中で開会式に話題が及んだとき、司会進行を障害者の、しかも若者たちにまかせてはどうかとの案が出て大いに盛り上がりました。

さっそく現役高校生や元高校生など若者(と見える?)障害者に声をかけると、みんな笑顔で快諾してくれ、またたく間に七人の司会団が結成されました。司会団が一堂に会した打ち合わせを持ちました。担当になった私が一応作成した開会式と進行の案を渡して議論するのですが、表現方法が一人ひとりまったく違います。まばたきだけで伝えようとする人、声を絞り出す人、トーキングエイドという機械を使う人、体をねじらせて伝えようとする人、無言ながらなんとなく

変化する雰囲気で伝える人、あくまでも無言を通す人……。私も初めての経験でしたが、スムーズに進める方法があるわけでもなく、それでもなんとなく会議は進みます。

沈黙が続くとそれを破るように、「こうではないかな」とわが子の思いを解釈して説明する親があります。話の停滞を前に進めようと「まとめる」発言が出ます。すると「周りの意見ではなく、本人たちにまかせませんか」と、支援者から正論が飛びました。取り巻く健常者の間にビビッと緊張が走り、進行役の私はおろおろと不安げに視線を落としてしまいます。その横で当の本人たちは、何食わぬ顔で、中には笑顔すら浮かべて平然と構えています。今から思えば、なんとも興味深い、面白い会議でした。堂々巡りの遅々として進展しない会議に思えるのですが、それでも三時間ほどをいっしょに過ごしていると、司会のセリフもその担当配分も決まるものなんですね。おまけに自己紹介と参加者に伝えたいことの短い言葉を、それぞれが考えてくる宿題まで確認して終わることができました。

そして迎えた開会式本番、会場となったホールは全国から集まった三〇〇人を超える人たちで立錐の余地もないほどに膨れ上がりました。参加者の目が注視する先に居並ぶのは、司会団の若い障害者たち七人です。

レンさんが開会を宣言します。続いて全員が声を合わせたセリフが続くのですが、聞こえるのはマコトさんのトーキングエイドとレンさんの声とのちぐはぐな重なりです。

ここから一人ひとりが自己紹介と「参加者に伝えたいこと」を語ります。最初は人工呼吸器をつけたユウタロウさん。お母さんが顔をのぞき込むようにしてユウタロウさんのまばたきを確かめながら語りました。舞台に並んでから「オカアサンハ？」と繰り返していたマチコさんは、マイクを口元に近づけられると「マッチャン」と答えました。そのようにして七人が七通りのまったく違った方法で参加者に語りかけました。

来賓挨拶の進行も、みんなそれぞれ違ったやり方で紹介します。サヤカさんは立ち上がると、鼻息ばかりがマイクを通して漏れてきます。進行時間を気遣ったお母さんが後ろから小声で「代わりに言おうか？」とたずねると、きっぱり「いらん」と断ります。鼻息やため息が続きます。会場は次を待つように静まり返っています。何度かお母さんが耳打ちした後、ついにサヤカさんは「いう」と声を上げ「〇〇さんおねがいします」、はっきりと声に出しました。

いつの間にか、会場にはいろいろなかたちの〈時間〉と、色とりどりに輝く〈空気〉が流れていることに気づきました（さまざまな「個性」というよりも、色とりどりの〈空気〉という方が、私の実感に近い気がします）。会場に座っている参加者も「予定時間」を気にする風もなく、色とりどりの〈空気〉を吸い込み、むしろ楽しみながら、ゆっくりと〈時間〉を過ごしているように見えてきました。最初はどうなることかと気をもみイライラした私も、ゆったりと流れる会場の雰囲気に身をまかせていました。味わったことのない豊かな体験でした。

その時です、大発見したのです。ひょっとしたら障害のある子もない子も「共にいる」教室では、このようにいろいろなかたちの〈時間〉が流れ、色とりどりに輝く〈空気〉が充満しているのではないのだろうか、ということを。子どもたちはお互いこんな豊かな経験をし合いながら「共に」過ごしているのだ、きっと、と思われたのです。

これは障害のある・なしだけのことではありません。国籍や民族が違っていたり、性的なアイデンティティーで悩んでいたり、家庭環境の違いや、中には親からの虐待を心の奥深くで隠しながら登校する子どももあるかもしれません。おしゃべりな子もいれば無口な子もいる。ケンカっ早い子も泣き虫の子もいます。子どもたちはそれぞれの個人史を生きて、生活を背負いながら教室に集っています。きっとそれだけいろいろなかたちの〈時間〉と、色とりどりの〈空気〉が流れて、その中でいっしょに過ごしているのです。

ところがそんな豊かな〈時間〉や〈空気〉を味わうことは、なかなか容易ではありません。「現実問題」が顔を出します。教師は教科の進度が遅れないか、隣の教室と比べてしまいます。テストの点数が気がかりです。保護者の視線が浮かびます。いずれも学校の側、教師の側、大人の側の都合なのですが、いろいろな〈時間〉や〈空気〉を認めるわけにはゆかなくなってしまうようなのです。教師が前に出て効率よく進めるために、教師の〈時間〉をみんなに押しつけることになってしまいます。みんなが守らねばならない「一つの時間」、「色を失った時間」。それでもカッカッカッとなんでもテキパキこなす先生もいれば、のんびりと語りかける先生もいる、子どもたちといっしょに過ごすことが大好きな先生もいます。教師それぞれの個性に合わせた〈時間〉の観念とその使い方がありました。「ありました」と過去形で書くのは、今はどの教師もみんな同じ〈時間〉を子どもたちに一斉に押しつけているように思われてならないからです。算数の授業で「ふしぎ」が生まれ、もっと考え続けたいのに、チャイムの音で算数が終わり、次のチャイムで国語の勉強がはじまり、その次のチャイムで社会がはじまる、もうこんなことに疑問を持つ教師はいなくなってしまいました。三年生のクラスをのぞくと、どのクラスも同じ内容で、同じ進め方の授業が進行しています。黒板の前に立った教師が「今からノートにみなさんの意見を書いてください」と指示を出し、「時間は三分です。はい、はじめて」と言って、取り出したキッチンタイマーを黒板に貼りつけます。電子音が教室に響いて、自分の考えを表現する学習の機会は強制的に奪われてしまうことになります。子どもたち一人ひとりの考え方や書き方のペースは認められないのです。

学校に流れる〈時間〉そのものが単一のものになってしまっているのです。一組、二組、三組の〈時間〉が違っては困るのです。それぞれのクラスの〈空気〉も違っては困るのかもしれません。どうしてそんなことになってきたのでしょうか。それの方が効率がよい、早くできる、基準になる時間で「できる・できない」を比べられる、あるいは学校生活のけじめができる、子どもに示しがつく……なんて言葉が聞こえてきそうな気がします。

でもね、これってまるで教育の世界の〈時間〉がタイムカードで管理されているような光景ではないのでしょうか。

第三章　子どもは子どもの中で育つ

切り拓いたしんぺいくん

インクルーシブ教育って言葉を知っていますか？　これは障害のある子もない子も、国籍や民族の違う子も、性的なマイノリティーの子も、家庭環境の違う子も……、互いに違いを認め合いながら共に学び、共に育つということ。二〇〇六年に国連で障害者権利条約が採択され、日本でも「分け隔てられることのない共生社会の実現を目指す」ことが目的であると明記された障害者基本法や障害者差別解消法などの国内法が整備されました。二〇一四年には日本政府が批准しました。権利条約や国内法で、インクルーシブ教育に取り組むことが求められています。

私が初めて小学一年生の担任をしたときの話です。寝屋川市（大阪府）には「センター校方式」というのがあって、私の在職校の養護学級（当時）は肢体不自由児のセンター校になっていました。

校区外からも通学バスやタクシーで登下校する子どもたちがいるので、授業の開始は二時間目からと遅く、終わりは三〇分以上早くなります。つまり毎日一時間半、一年間では三六〇時間以上、ほかの子どもたちより学習時間が少なくなってしまいます。「恒常的に学習権を奪う制度や！おかしいんちゃうか！」と、私も反対の声を上げていたのです。

その学校に、愛知県からお父さんの転勤に伴って、重度の脳性マヒの障害があるしんぺいくんが入学してきました。ところが一日二、三時間しかクラスに来られず、おまけにみんなといっしょに勉強できる教科まで音楽と図工と国語と、養護学級の先生たちに決められてしまうのです。両親は「校区に住んでいるのだから、朝は集団登校させたいし、友だちといっしょに勉強させたい」という強い希望を持っていました。

名古屋出身のお母さんは、さらりと大阪のおばちゃんに変身して「大阪は障害児教育が進んでいると聞いて引っ越してきたのに、これでは大損や。せめて元を取らんとあかん」を合言葉に、家族で学校との話し合いを続けました。決してかんたんなことではなかったのですが、二学期からは毎日集団登校して一時間目からクラスに来て、終わりの会までみんなといっしょに過ごすようになりました。

しんぺいくんが変わりました。友だちに伝えようと、身をくねらせて発言し、エンピツを握りしめて文章を書きます。周りの子どもたちも変わります。しんぺいくんを取り囲んで遊びの輪ができる。一年生の子どもたちがトイレや給食の介助をやる。放課後は毎日子どもの集団が家に押しかけ、バギーを押して遊び場めざし飛び出していきます。授業で数々のドラマが生まれます。子どもたちがぐいぐいと音を立てて成長していくのが分かる気がしたものでした。

インクルーシブ教育とはどの子どもにとっても必要な教育なんです。障害児が過ごしやすい学校は誰もが過ごしやすい学校です。障害児が楽しく学ぶ授業は、誰もが目を輝かせるに違いありません。共に生きる社会は、共に学ぶ教育からはじまります。寝屋川市のセンター校方式は、二〇年以上訴え続けてようやく二〇〇九年三月に廃止されました。

カオルくんにもらった原点

「子どもを見るとき、〝点数〟の目盛りのついたモノサシだけではなくて、〝やさしさ〟の目盛りや〝興味〟の目盛り、〝ふしぎの心〟の目盛り……と、いろいろな目盛りのついたモノサシで見るようにしたいですね」、家庭訪問や懇談会でうなずきながら聞いてくれる保護者の顔を見ながら、私はちょっぴり悦に入って話をしたものでした。でも本当に子どもの根っこに脈打つ学習する力のことを考えたのは、カオルくんとの出会いを通してでした。

カオルくんは動けず、話すこともできない、カテーテルを通して栄養補給をしている人でした。就学前に、校内の障害児教育担当だった私が初めて家庭訪問したとき、いきなりお父さんに言われました。「義務教育で子どもを学校へやらへんのが罪になるんやったら、ワシは牢屋に入ってもええからカオルを家に置いておく」。

光や音の刺激にも反応せず、細い手足を伸ばしてベビーベッドに横たわる姿に、子どもたちの中でいっしょに過ごす様子が想像できず、私も自信が持てませんでした。よほど私の表情が力なく憔悴して見えたのか、帰り際にお母さんは「抱いてみるか」と私の両腕にカオルくんの体を預けました。

恐る恐る胸の前に抱きかかえたとき、カオルくんの温かさを感じたのです。その瞬間です。「あ、大丈夫だ、やれる」と思ったのは。理屈じゃないです。触れ合ったことでそう感じたんです。その日以来、私はカオルくんに会いたい一心で足を運び続けました。ご両親は次第に学校にカオルくんを行かせたいと思うようになりました。

困惑したのは学校です。命の保障ができない、設備がない、専門家がいない、勉強なんかできるわけがない、お客さんになるだけだ……と議論になり、二人の医師に相談することになりました。一人は「とても無理だ」と言い、もう一人は「子どもたちの中にいられたら、カオルくんも喜びますよ」と答えました。受け入れの是非の判断を医師にゆだねようとした学校側のもくろみは、見事に外れてしまいました。

最後は職員会議にカオルくんとご両親に来てもらい、直接話を聞くことになりました。たくさんの質問に答えた後、お父さんはこう言いました。「考えてみいや、音楽の時間に、みんなが歌っている教室でカオルが母親の腕に抱かれているとしようや。その時カオルが学習していないと先生らは言えるんか」と。

この一言が学校を動かしました。誰も反論できない。誰もカオルくんの学習する力を否定することはできませんでした。四月から一年生の三クラスの内の一つのクラスに畳とベッドを置いた一風変わった教室ができ、カオルくんの登校がはじまりました。その時、点数で子どもの学力を決めつけてはならないのだと、私は肝に銘じたのです。

マーくんのおつかい

「せちがらい世の中になってきた」と言われますが、皆さんのご近所づき合いはいかがですか。私は家庭訪問期間でなくても、時間さえあれば（と言っても、なんとかかんとか工夫して時間をひねり出すというのが実感ですが。やっぱり先生たちの「ゆとり」は大切なんです）、ぶらーっと子どもたちの家を訪ね、顔をのぞかせたものでした。

ある時、マサトくんの家に立ち寄って、彼におつかいを頼みました。「四色のボールペンを買うてきてくれへんかな」と言うと、「ボールペン、ボールペン」と甲高い声を上げながら玄関を飛び出していきました。こっそり後をつけてみることにしました。

マサトくんは自閉症の障害がある四年生です。家を出るとすぐに隣のおばさんが「あらマーくんどこ行くの？」とたずねます。一瞬足を止めた後「ボールペン……」と言って、駆け出しました。路地の角を曲がると、低学年の女子たちが長なわとびをしていました。たたずむマサトくんに「マーくんいっしょにやれへん？」と誘います。しばらくそばにいた後、「プシュー」と奇妙な声を立てて走り出しました。お地蔵さんをながめている背中に「マーくんどうしたん？」と、おじいさんとおばあさんの二人連れが声をかけました。また走り出すと、空き地で野球をしていた同級生が「マーくん」と手を振っています。外に出てきたラーメン屋のおじさんが「おっ、マーくんやないか」としゃべり出すのを振り切るように、隣の文房具店に飛び込んでいきました。

その後、家で待ちかねる私の前に四色ボールペンとおつりを差し出したのは、さらに二〇分も後のことでした。七分もあれば行ける店に往復四〇分かかってしまうのも当然です。

長屋の隣のおじさんが、「引っ越してきた夜に、二階の窓から軒下を渡って闖入《ちんにゅう》してきたマーくんと出会ったのが初対面ですよ」と豪快に笑うのですから驚いてしまいます。なんてやさしい人たち、地域なんだろうと心の中がホッコリします。そんな周囲の人たちに、マサトくんはたまたま「恵まれた」のでしょうか。マサトくんと子どもたち、大人たちが織り成す悲喜こもごものドラマがこんなすてきな人々を生み出したのだと私は思うのです。

二〇一四年一月二〇日に日本政府は国連障害者権利条約を批准し、一四〇番目の締約国になりました。新聞やテレビや雑誌などで詳しい紹介をしてほしいなぁと思っていたのに、あんまり見られなかったのが残念なのですが、その「前文」には、障害者の社会参加が進めば障害者のためだけではなく、人間や社会、経済の発展、貧困の根絶に大きな前進をもたらすことになると謳っています。

世界的な規模の話ではありませんが、マサトくんと近所の人たちのホッコリとした日常の暮らしぶりを見ると、障害者権利条約の崇高な言葉の表現が、なるほどそうかとストンと理解できるような気がしてきます。

母は強し

「やったねー、マーくん！」

小学校の入学式でのこと。人とコミュニケーションをとるのに難しさがある自閉症のマサトくんのお母さんは、隣にいた私の手を握って、思わず周りに聞こえるような声を上げました。大人たちの心配をよそに、四〇分の式をほかの子どもたちといっしょにやり通したからです。

「マサトがいることでどんな苦情や批判が出てきても、私はこの子の味方です」と、ちょっぴり肩に力が入っていたお母さんの心配をよそに、入学後のマサトくんは変わっていきます。

当初は決して食べようとはしなかった給食も、「学校たんけん」の授業で給食調理場を見学したその日から、残さず食べられるようになりました。そのほかにも毎日スケッチブックに一冊ずつ絵をかく、本を読む、見よう見まねで運動をする……など、数え上げればきりがないくらいの変化が生まれてきました。

ところが二年生のある寒い日のこと、マサトくんは夜になっても帰宅せず、警察に捜索願が出され、教職員、ＰＴＡの委員さんたちも総出の大捜索となりました。この「事件」はマサトくんが地域の人々に支えられていることを証明した反面、お母さんには「皆さんに大変な迷惑を掛けてしまった」と負い目を感じさせるものになってしまいました。

落ち着きなく動き回る「多動」の症状が激しい時には、マサトくんは真夜中でも声を発して走り回り、飛び跳ねることもあります。お母さんは隣近所に迷惑を掛けまいと、息子と自分の体を帯で縛り、ふとんの上に横倒しに抱きかかえて、明け方まで話しかけ体をさすり続ける毎日を送りました。見た目にも疲労の色がにじんでいました。

そんな日々が続いた後、お母さんは私に言いました。「マサトが外に出たいというのならもう止めないことにします。万一のことがあっても、それは仕方ないことなんだと覚悟を決めました」。不思議ですね、それからは「楽しんどいで。七時には帰ってきてね」と声をかけると、本当に七時ピッタリに帰宅するんです。腕時計を渡すと時間と時刻を理解し、きっぷやお土産を買うために計算します。小遣い帳と日記をつけ、漢字の読み書きもできるようになりました。

マサトくんの成長を実感しながら、「足し算ができたから次は掛け算を、と私は言わないようにします。だって『できる・できない』ということでこの子たちは差別されてきたんですから」とお母さんは言いました。そしてこうつけ加えました。「マサトの障害が問題なのではなくて、それを受け入れられない社会が問題なのだと分かりました」。

「母は強し」という言葉が頭に浮かびました。

事件「鼻水の呪い」

「先生たいへんや！」、血相変えた女子たちが職員室に駆け込んできました。「タツヤくんがヒロミちゃんの手を踏んづけたり、おなかを蹴ったりしてるねん」と言うのです。

脳性マヒのあるヒロミさんは、いつも満面に笑みをこぼしながら大きな声で挨拶します。「おはようございます」「先生、今日は何をするんですか」「……と思うんですがどうでしょうか」、教師や友だちと交わす言葉にも敬語・丁寧語をつかいます。周りの子どもたちも車いすの扱いや、授業の準備、ちょっとした手伝いなど、何をするのも自然な様子であたりまえに介助して、手際よくヒロミさんとの連係プレイが進行します。

教室近くのポータブル便器が置かれただけのトイレにヒロミさんが不満を漏らしたとき、女子たちがいっしょに相談して、試しながら、手すりやペーパーの位置、ドアの開き方など工夫を凝らした設計図をつくって、校長に相談に行き、一大修理工事が行われたこともありました。ヒロミさんの両親にとっても期待に胸膨らむ新しい五年生の出発であったに違いありません。何の問題もないように見えた一学期でした。

「そんなヒロミさんがなぜ?」と戸惑いながら、私は教室に急ぎました。急きょ学級会が開かれました。ヒロシくんが嫌がるタツヤくんを後ろから羽交い絞めにして、ヒロミさんにタツヤくんを触るようにせかし、足に触ったとき、怒ったタツヤくんがおなかを蹴ったということらしいのです。

ヒロミさんの机に触ったら「鼻水のにおいがする」と噂をし合い、「鼻水の呪い」の鬼ごっこをして遊びほうけていたことなど、担任の私が知らなかったことが次々と出てきます。

「このクラスの誰かがクシャミとかしたら、『鼻水の呪い』とか言われるんですか」「みんなと違うところがあるから言われたと思う」「ヒロミちゃんはみんなと違って支援学級で足が悪いやん、だから言われた」……。私は学級通信に、できる限りありのままに事の経過を書きつづりました。二日間にわたる学級会は真剣な話し合いが続きました。

ヒロミさんは、「私はみんなと同じ一組です。もっといっしょに勉強したいし遊びたいんです。これからはもう差別のようなことはしないでください」と発言しました。家庭で親とも相談し、話し合い、言葉を探して文章をつくり、何度も声に出して練習したに違いありません。初めて友だちに向かって自分の思いをぶつけたのです。ひょっとしたら笑顔を絶やさない明るさや、丁寧な言葉づかいなどは、ヒロミさんの経験が身につけさせた、問題が起こらないように友だちとつき合うための処世術であったのかもしれません。

タツヤくんは「……でもな、蹴る前に迷うてん、力抜いて弱く蹴ってん……。でも、ぼくが悪いんや。ヒロミちゃんに謝ります」と言って、ヒロミさんの前で「暴力ふるってごめんな」と頭を下げました。それからは、タツヤくんがヒロミさんの送り迎えをしたり、休み時間にドッジボールで車いすを押しながら遊ぶ姿を見かけたりするようになりました。

その後「何事もなくうまくいった」というのではもちろんありません。ヒロミさんが「クラスに行くのはいやだ」と支援学級に閉じこもったり、女子たちがヒロミさんとひざ詰めの話し合いを持ったりというように、ぎこちなくぶつかり合う音が聞こえるくらいさまざまな出来事が生まれました。

そして卒業式。保護者たち、友だちが見つめる中、一人で車いすを操り体育館の中央に出て、友だちに介助されて立ち上がり、一人クラッチでしっかり体を支えて「決意」を述べました。「私は中学校に行ったら、いろんなことに挑戦したいと思う。障害を持っている人にしか考えられないことを考え、取り組もうと思う。障害者と健常者の違いを徹底的に調べようと思う。同じ障害を持った人間と共に考え、共に歩みながら、いろんなことを一中でやってみたいです」。参加したすべての人の心に届く澄みきった声でした。

一人ひとりの卒業生が語る「決意」の言葉を聞きながら、クラスで生起したさまざまなことが目の前に浮かびます。「子どもは子どもの中で育つんだ」、つくづくそう思いました。

子どもたちが生きている〈時間〉

五月になって、中学一年生のクミが小学校の職員室を訪ねてきました。「わたし、無視されてばっかりやねん。小学校の時みたいに学級会や学年集会開いてほしいと先生にも頼んでみたんやけど、あかんねん」などと、一気に吐き出すようにしゃべり続けました。家を出てから帰宅するまで、一言も、生徒同士でも、教師とも誰ともしゃべらない、しゃべれない毎日を過ごしていたと言います。

校内暴力の渦中にいた「不良」（と言われた）グループにも、自ら接近を試みるのですが、彼らからもかたくなな無視にあい「仲間入り」を拒否されてしまいます。

やがて不登校、家出。そんなクミを受け入れたのは、駅前に知らない者どうしが集まる「走らせ」の若者たちでした。お互いをニックネームで呼び合いながら、夜ごと車の暴走に耽りました。そして横転事故。

久しぶりに再会を果たしたのは、病院の集中治療室に横たわる姿でした。

退院と同時に児童保護施設へ強制入所。脱走。

そして久しぶりに私の前に顔を見せたとき、ちょっぴり下向き加減に笑みをこぼしながら妊娠を告げました。私は周囲の目を気にしながら、おずおずと病院の産婦人科につき添ったものでした。

新聞やテレビで「いじめを苦に自殺」との見出しやテロップを頻繁に目にします。そんな時、ある種感慨を込めて思うことがあります。クミは自殺することはなかった、と。むしろ制御しきれない生のエネルギーに翻弄されるかのように生き続けてきたとさえ私には思われます。「いじめ」で、自らの死を選ぶ側と、死を選ばない側の分かれ道はいったいどこにあるのでしょうか。公表された遺書をいくつか読んだことがあります。死を覚悟した日常の中で、静かな表情で書き記したのか、苦悶に身を捩じらせながらペンを走らせたのか想像だにできませんが、現実に自己完結しおおせた少年・少女の生きてきた〈時間〉というものが、どのようなものであったのか、私には理解できないでいます。

クミはよく「家にいてたらお母ちゃんもおばあちゃんも、わたしばっかり怒るねん」と漏らしていました。自分に向けられる怒りの裏に、母と祖母の、おそらくはその人生がもたらすのであろう、やりきれない苦しさを感じていたようにも思います。

母や祖母が生きてきた時間、それは決して幸せと言えるものではなかったかもしれないけれど、クミはその時間を引き継ぐようにして生きてきた。たとえ全身で反発しようが、否定しようが、否応なく引き摺りながら、自分の時間に重ねて生きてきた。とても自己完結などできようはずのない何層にも重なり錯綜した時間の中で生きざるをえなかったのだと思います。

あるいはそのような中で、社会というものを、生き方というものを、その生々しい断面とぶつかりながら、クミなりの流儀で体得してきたと言えるのかもしれません。クミは今、祖母や母がそうしてきたように、娘と共に新たな自分の家族史を生きはじめています。

本来〈時間〉というものは、容易に自己完結することなどできない、複雑さと強さとぶ厚い層を持っています。大げさかもしれませんが、地球の歴史、人類史、戦争や大災害などの世界や国の歴史、社会の変遷、家族の歩みといった〈時間〉の重なりの中で、私たちは生きているのではないでしょうか。だから私たちは地球にも、自然にも、世界や国が起こす出来事にも、社会にも、家族にも責任を負うのではないでしょうか。決して自分一人だけの〈時間〉を生きているのではないと思います。

では、今の子どもたちが過ごしている〈時間〉は、どうでしょうか。学校では、チャイムの合図で授業がはじまり、チャイムで終わる。チャイムに合わせて教科が変わり、遊び、食事をし、移動します。自ずと「早くできる」ことに価値が置かれ、それを求められます。帰宅してからは、毎日のように塾や習い事に夜遅くまで通います。

学校や家族や社会が強制する「決められた時間」が、子どもたちの「ほんものの時間」とスリ替わることはありえないことなのでしょうか。いやもうすでに子どもたちは、均質化された細い一本の「決められた時間」「与えられた時間」を生きさせられているように思われてなりません。

「教育には時間がかかる」と、本当は誰もが分かっているはずなのに、誰も疑義をはさまないほどに、学校でも社会でも〈時間〉の均質化はあたりまえのこととして進んでいます。

しかし、子どもたちは一人ひとり、みんな違った自分の生活、個人史を引き摺りながら登校し教室の机に座っています。時にそれを重ね合い、時に切り結びながら、さまざまな事件、出来事が起こり、問題が生まれます。問題が生まれるから、学習が生まれるのです。

〈共に生きる時間〉、それを今子どもたちは、いつも心のどこかで求めているのだと思われてなりません。できれば教師もそっと身を寄せて、いっしょにその時間を歩めればと思うのです。

第四章　学習の世界は面白い

ふしぎの心

初夏の陽光に背中を押されるようにして、私はよく子どもたちといっしょに校門を飛び出していったものでした。何年生になっても子どもたちは学校の外に出るのが大好きで、いつもにぎやかな笑い声が弾けます。よほど学校はきゅうくつなところだと思っているのかもしれませんね。

そんな時いろいろなことに興味を持つ子どもたちを発見します。道端や公園の隅に生えている草花に目をやり、じっと見つめる。近づいていく。腰を下ろして、そっと葉っぱに触れてみる。葉を裏返し、茎に沿って指を下ろしていき地面までたどる。近くを這う虫にも目をとめる。土中に伸びる根の形に想像をひろげているのか、土の中の生き物の暮らしに思いを馳せているのか。「ふしぎだな、なぜだろう」、いつの間にか心の中にいっぱいの「ふしぎ」が満ちあふれているのかもしれません。

私は担任したときにはいつも「観察ノート」を子どもたちに渡していました。いかにも大切なものを扱うように、もったいぶった身振りで新しいノートを配り、「さぁ、表紙を開けてください」と声をかけます。そこには「ふしぎの心」と書かれた紙片が張りつけてあります。「あれぇ、ふしぎだなぁ／なぜだろう?／ああだろうか、こうだろうか／こうしてみたらどうだろう／なるほど、そうか!／じゃあ、こうしてみたらどうだろう／なるほど、なるほど!／あれぇ、またふしぎがみつかった／ふしぎの心をもって、どこまでも追求してみよう」、そんな「ふしぎの心」を持って周囲を見てみよう、そして見つけたことをこのノートに書いてみようと提案するんです。

「雨が降ろうが、ヤリが降ろうが、一カ月間毎日書き続けます」と宣言してはじめるのですが、本当にいろいろなテーマが出てきます。中には数日もすると「変化ありません」となり、「今日も変化なし」「今日も……」と続き、ついに「先生たすけて」と悲鳴を上げてしまい、テーマを変えることになる人もあります。

芽を出したツタの観察をした人がいました。最初は「今日はツタが何センチ伸びた」「葉っぱがこう開いた」と書いていましたが、一週間すると「なぜ、ツタはすべり落ちずに壁を上っていくのだろう?」という「ふしぎ」が生まれました。毎日見ていると、見方も見えるものも違ってきます。そのうちに葉の横に出ている「ちっちゃい葉」を見つけます。さらにその先に楕円の形のものがあり、そこに「くっつく仕組み」があるのではと、予想を立てました。しつこい追求が生まれます。ノートの字や量、絵まで変わってくるのですから面白い。期限を超えて観察ノートを書き続け、学習することが楽しくって仕方がないという姿に見えたものでした。「ふしぎの心」は学習する力を奮い起こすエンジンだと、私は思っています。

ふしぎの心で追求する

「ケンちゃんお願いやから、もうこれ以上勉強せんといて!」

お母さんにこんなことを言わしめたのは六年生のケンタくんでした。

算数の授業の時、「図形の辺の長さを二倍にしたら面積は二倍になるか?」という疑問が生まれ、教室にカンカンガクガクの話し合いが続きました。授業の終わりのチャイムが鳴ってもまだ黒板の前で図をかきながら論議を続けている人もいます。チャイムが鳴ったら算数の疑問が消え、次のチャイムで急に国語の興味が湧き上がるというものではありません。ケンタくんは家に帰っても考え続け、自分の「ふしぎ」をノートに書いて翌日授業で発表すると、さらに活発な話し合いが展開しました。

それをきっかけにケンタくんの「図形の面積の研究」がはじまったのでした。食卓の上でノートを開き、紙を切り張りしたり、色を塗ったり、エンピツを走らせたりと二時間も三時間も続けます。図書館や本屋さんにも足を運んで、図鑑や参考書を読みふけります。家庭訪問で「ゲームばっかりして。もうちょっと机の前に座ってほしいわ」とこぼしていたお母さんですから、その豹変ぶりにびっくりされたに違いありません。

三年生のユウくんは、みんなといっしょの活動がニガテのようで宿題も忘れ物もマイペースです。ところが「生き物」のことになると目の色が変わります。教室に虫かごや水槽を持ってきて、毎日かいがいしく世話をします。ある時なんかハチを飼いたいと言い出し、女子たちの大反対にあって学級会で話し合いを持たれたこともありました。授業中もいつもうわの空、昆虫の顔をうっとりと思い浮かべて会話しているのではないかと思うくらいです。

そのユウくんが観察ノートで「金魚の観察」をはじめました。「水温と体の成長はどんな関係があるか」と考え、金魚の体長と水温の詳細なデータを記録し続けたのですが、その中で大発見をしたのです。水槽の壁に張りついていたコケがきれいになっていることを見つけ、なぜだろうと「ふしぎ」を持ちました。やがて水温が上がりコケが増えると同時に貝も増え、その貝がコケを食べていることに気づいたのです。

「金魚の研究」はその後も二カ月間続いたのですが、個人懇談会でお母さんは「あの観察ノートをつけているときは、自分で水槽のそばにふとんを敷いて毎日寝起きしていたんですよ」と話してくださいました。生き物大好き人間に「ふしぎの心」が芽生えたら、もう鬼に金棒やなぁと目を見張ってしまいました。

「聞く」は、相手を大切にすること

「この頃、子どもたちは話聞けへんなぁ」。これは職員室で交わされる常套句です。家庭環境の影響だと言う人もいる。確かにそういう面はあるだろうけれど、それだけを原因にしてしまったら、私たち教師は責任逃れをしているに過ぎないと思うんですよね。

私が在職していた小学校では、児童会が企画して進める児童集会がありました。一年生から六年生までいるけれど、ここではみんな一生懸命相手の話を聞くんです。内容の面白さもありますが、「集団登校の班長さんが話してる」とか、「うちの兄ちゃんの友だちが劇をしてるねん」、「いつもいっしょに掃除してる一年生が歌ってる」というように、自分とかかわりのある人が前に出て話しているから、劇をしているから、歌っているから、目を向け、耳をすませるのです。

脳性マヒのあるしんぺいくんのことを紹介しましたが、お母さんにお願いして、しんぺいくんの生い立ちや家での暮らしぶりとお母さんの思いを一年生全員の前で語っていただいたことがありました。話がはじまると子どもたちは水を打ったように静まりかえり、目を輝かせてうなずきながら聞き入りました。毎日しんぺいくんの家に遊びにいってお母さんのこともよく知っているから、かかわりがあるから話を聞くんです。

「聞く」という経験をしていない子どもは、聞くことが苦手です。家の中で怒鳴り合う声やののしる言葉が飛び交っていたら、聞くどころか耳も心もふさいでしまいますよね。教室でも「先生が話を聞け聞けとうるさいから、聞いてやろうか」と耳を傾けたところへ、「早くしなさい」、「分かりましたか」とか、怒鳴る声しか届かなかったら、「二度と聞くものか」となってしまいかねません。ひょっとしたら絵本を読んでもらったことがない子どももあるかもしれません。お話の世界にひたった経験がないのです。紙芝居や絵本の読み聞かせや大人が語ることで、「聞く」経験をたくさんさせてあげたいですね。「ああ、これが聞くということなのか」、「聞くってええ気持ちやな」、「耳を澄ましていたら、褒めてくれたで」となれば、今度はもっと聞こうと思いますよね。怒られるから背筋を伸ばして聞く、これでは体も心もカチコチになって言葉が素通りしてしまいます。

「聞くことは相手を大切にすること。ひいては自分が大切にされることです」。時間がかかって回り道になっても、あきもせず私は繰り返し繰り返しこの言葉を子どもたちに伝えます。

「発言する」は、考えること

授業参観日の朝、「しっかり手ぇ挙げて発言するんやで」と、登校するわが子の背中に声をかける光景がありますよね。中には「発表したらおばあちゃんにええもん買うてもらえるねん」と打ち明け話をしてくれる子どももありました。

でも、授業の場で話す、発言するというのはかんたんなことではないだろうと、私は思っています。発言するとは「正解」を答えることではないんですね。たとえば算数の授業中に大きな声を張り上げて手を挙げ、指名されると「七」と答えて座る。これは発言とは言いません。「〇〇君の考えに私は反対です。だって……」「教科書には□□と書いてあります。この言葉の意味はこうだから、作者の言いたいことは……」というように、自分の思いや意見、考えを相手に向かって説明し、伝えることが発言だと私は思うのです。すらすらと言えなくてもいいんです。考えあぐねて言葉に詰まったり、話しながら途中で自分の意見が変わることもあるでしょう。発言することと自体が考える行為、学習する姿だと思うんです。

近年ではディベート（討論）やプレゼンテーション（企画案の提示・説明）などの言葉をよく耳にしますが、それでも日本の子どもたちは話すことが苦手かもしれません。だって一方では「女の子はおしとやかに」とか「黙って決断するのが男らしい」なんてことがいまだに言われるのですから。でも、もっともっと「おしゃべりな子ども」になっていいと私は思っているので、話し合いの授業を大切にしてきました。

発言するには自分の意見や考えが必要です。それをつくるために、日記や観察ノート、日々の生活をつづる作文などで書く学習をします。考えが持てたら、次は声に出して表現する力が求められます。一分間スピーチや朗読会、合唱、劇などの表現活動にも授業の中で取り組みます。

さて、考えを持ち表現力が身についたら発言できるかと言えば、そうもいかないのです。一生懸命発言しているのに、周りの友だちがおしゃべりしたり、そっぽを向いていたら、のど元まで押し上がってきていた言葉も声にならずにしぼんでしまうに違いありません。発言を聞いてくれる友だちやクラスの雰囲気がなければ発言は生まれてこないのです。

話し合いの授業ではクラスの子どもたちの人間関係が手に取るように分かります。学校でも家庭でも、地域でも、「発言する、話す、話し合う」ことはお互いの信頼関係をつくり出すことでもあると思います。

「書く」は、考えを耕すこと

近頃は小学校に入学する前からひらがなが読めたり書けたりする子どもたちがあります。「字を覚える勉強」を売り物にして、中にはカタカナや漢字の読み書きまで教える幼稚園や就学前の塾があったりすると聞いたこともあります。でもね、小学校で学ぶ言葉の学習は、一味も二味も違うのです。

一年生に入学した子どもたちは、ひらがなの「あ・い・う・え・お」から勉強をはじめます。

習いたてのピカピカの一つひとつの文字をつなげていくと言葉が生まれます。その言葉をつなげると文ができます。その文をつなげていくとお話をつくることだってできてしまうのです。この発見は、子どもたちにとって、もう「うわぁー！」と叫び出したくなるくらいすばらしいことに違いありません。

そんな言葉の面白さや感動を経験した子どもたちは、「もっと詳しく」言葉・文をつなげる、つづることにも挑戦していきます。学校でも家でも、毎日書くことを続けるようになります。子どもたちの書くつづり方には、いつも友だちのことがいっぱい出てきます。「〇〇さんがこんなことといったよ」「〇〇くんが、あんなことしたよ」「〇〇さんといっしょにあそんだよ」「〇〇くんとけんかした」……といった具合に。

子どもたちの書いたつづり方を「一枚文集」にして配ったり、みんなの前で読んだりすると、名前が出てくるたびに歓声が上がったりため息が漏れたりして、子どもたちの表情が百面相のように変化するのも面白い。生きた言葉を学習するってこういうことなんだと、つくづく思われてくるのです。

三年生の子どもたちと「友だちのいいところ大発見」という学習に取り組んだことがありました。一週間友だちの姿を見つめて、「いいところ」を探して、発見したことを取材ノートに書きためていきました。それをもとにつづり方に書いて、最後は、自分で写した友だちの写真をスクリーンに映して、その横で朗読する発表大会をするのです。

事実を見つめ、それを詳しくありのままに書くという書き方を知ってほしい、事実を通して考える力を身につけてほしいという願いもありました。

面白いものですね、教室の中に活気が出てきたように思えました。友だちが見つめる視線を感じるのでしょうか。ひょっとしたら「ええとこ見てほしい」と思うのかもしれません。動機はどうあれ、声をかけ合ったり、笑い合ったり、教室の中でお互いが響き合い、人間関係が活発に動き出したように感じました。「書く」ことを通して友だちづくりをしているとでも言うかのように。

もちろん教科の学習の中でも「書く」ことに取り組みます。黒板をそのまま「写す」のではなく、自分の意見や考え、調べたことを書くのです。授業の中で生まれてきた「ふしぎ」や問題について、友だちの意見に対して、自分の意見や考えを書く、といった具合に。算数でも、数字や式よりも、その何倍かの文章を使って、疑問や答えや説明を書いたりしていたものですから、「算数のつづり方」と子どもたちが名づけたこともありました。

「書く」ことは、なんていうのでしょうか、考えを耕すことなんだと思います。

コミュニケーションの力

ある研修会の意見交流のときに、一人の母親が発言しました。

「ウチの子は自閉症なんですが、地域の幼稚園、小学校に通って、友だちからいっぱい刺激を受けながら学校生活を楽しんできました。でも中学校はどうしようかと悩んでいます。ユウタロウさんのように意思表示ができないので、支援学校に行く方がいいのかなと、迷っています。子どもの進路を勝手に親が決めるのは間違っていると分かっているつもりなんですが」

その日の学習会で母といっしょに舞台に並んで「講演」したユウタロウさんは、寝台型のストレッチャーに乗って人工呼吸器を使いながら生活しています。日常のすべての行為が自分ではできず、二四時間の介助なしには生きていくことができません。幼児療育園に母子通園した後支援学校に入り、訪問授業などを受けて六年間過ごしました。初等部を卒業後、地域のふつうの公立中学校に入学。そしてみんなといっしょに高校へ行きたいと強い願いを持って高校受験をし、前期と後期の受験では不合格、定員割れの二次募集を受験して合格しました。現在、大阪の府立高校定時制を卒業して、放送大学で学んでいます。

コミュニケーション手段はまばたきだけ。ゆっくりですが眼球やまぶたは動くので、人からの問いかけに「はい、そうです」というときにはまばたきをし、「いいえ、違います」というときは、まばたきをしません。

これまで「ユウタロウさんもがんばっているのだから、もっと努力しようと思った」とか「ユウタロウさんでもできるんだから、あきらめてはいけない」などという話は何度も耳にしてきたのですが、「ユウタロウさんみたいにはできないので、あきらめる」という言い方は初めてで、ハッと息をのむほど印象深く私には聞こえたのでした。

質問した母親の発言の奥にはこんな理屈が見えてきます。「『できる・できない』という価値観のモノサシを使っている」「わが子とユウタロウさんを比べている」「子どもの力を、親が判断し、決めつけている」「そう言いながら迷っている」。

迷うのもあたりまえですよね。幼稚園や小学校で過ごした経験から、わが子が友だちと学校が大好きだと知ってしまっているのですから。

一方でユウタロウさんのお母さんは、ほかの人と比べてみることもありません。そもそも比べても意味がないことが分かっているのですから。比べないから「ユウタロウさんの力はこうだ」と決めつけることもありません。ありのままを認めているように、私には思えます。

ユウタロウさんの家族とつき合って何よりも驚いたのは、「会話」の多さです。何気ない日常生活の会話はもちろんのこと、会議中でも、研究会に参加している時でも、テレビのニュースを見ながらでも、しょっちゅう声をかけ、顔を向き合いながら、目をのぞき込むように凝視して、いかにも話し込んでいるのです。世の中にこんなにも家族と会話を交わしている子どもがほかにいるのだろうかと、不思議に思うほどの、しかしユウタロウさんの家族にとってはふつうの日常の光景でもあります。

でもね、フッと疑問が浮かびませんか？　ユウタロウさんは両親の言葉をどこまで「正しく」理解しているのか、そしてお父さんとお母さんはユウタロウさんの意思をどこまで「正しく」理解しているのか、って。では私たちはどうでしょう。お互いに伝えたいことを「正しく」理解し合っているのでしょうか。案外いい加減に、お互い納得したふりをして済ませているのかもしれません。だってその方が人間関係を安心して保てることになったりして。

お母さんもお父さんもユウタロウさんにかかわり続け、話し続けます。そしてユウタロウさんの反応を見続け、声にならない「ことば」を聞き続けているように見えます。

「それがユウタロウさんの意思か」と問われれば、いつもこれでよいのか分からない。それでも、分からないからもっとかかわって、続きを話し、顔を見つめ、瞳をのぞき込み、ユウタロウさんの思いや考えや、願いを聞こうとします。聞きたいのです。

私たちがコミュニケーションの手段だとあたりまえに信じ込んでいる、言葉を使ってやり取りする方法も、実は「対話」のほんの一つの手段に過ぎないのではないかと気づかされます。豊かなコミュニケーションの方法はきっと多様にあるはずなんです。一人ひとりに合った方法を探し続けることが必要だと言えるのかもしれません。相手のことを知りたくて、自分のことを伝えたくてかかわり続ける、その行為こそがコミュニケーションなのではないかと私は考えています。

第五章　教える授業から、子どもが学ぶ授業へ

教室の机の並べ方からも見えてくる

教室の机といすの並べ方って気になりませんか。日本の学校といえば小・中学校はもとより、高校でも、ひょっとしたら大学でも、一人ひとりが黒板に向かって机を前にして座っているイメージが浮かびます。私は、必要に応じて変幻自在に変わればよいと考えているのですが。

一年生を担任したときなどは、朝教室に入ると「机といすを後ろに運んで、部屋の真ん中に集まってください」と声をかけ、胡坐をかいて座る私の周りをペチャンとおしりをついて取り囲む子どもたちに、話しかけます。一日の予定や、世間の出来事やらを話したり、絵本を読んだり、つづり方をはじめていたら友だちの書いたお話を読んだり、あるいは子どものひと声がきっかけで話し合いの場へと変わったりすることもあります。

どうしてもしっかり聞いてほしいことがあるときは、「机といっしょにおへそをつないでください」と言えば、黒板の前に立つ私に対して扇形に向き合うことになります。普段は、低学年でも高学年でも「コの字型」（イメージできますか？　業界用語みたいで恐縮ですが）の並びを基本にしています。

全員が黒板に向かい列をつくって机を並べ、前を向いて座っている教室の風景を想像してみてください。中には「背筋を伸ばして、目をしっかり先生に向けて、口を結んで話を聞く」なんてクラスの約束をつくる場合もあるようです。でもね、先生の方に体を向けているから、子どもは話を聞いているとは、必ずしも言えませんよね。

ではどうやって子どもたちの目や耳をひきつけるかと言えば、内容や話術、道具、そして教師の放つ人間的な魅力となるのでしょう。しかし私自身が、なんとしてもこの話を伝えたいと教材研究をやり授業の展開を工夫して、満を持して子どもの前に立ったときでも、子どもたちが身を乗り出すような集中を生み出せるのはせいぜい二〇分ではないかと思います。それを四五分間、さらに二時限目、三時限目と続けるなんて、とても私にはできない芸当です。アイドルグループ〝嵐〟の櫻井翔くんなら、その話題性となんといってもカッコいい姿で、もう少し長引かせられるかもしれませんが、それでも午前中が限度ではないでしょうか。高学年になると、それを午後の六時限目まで要求され、さらに次の日もそのまた次の日も、毎日なんですから、それはもう教師にとっても子どもにとっても、苦行以外の何物でもないといえば言い過ぎになるでしょうか。

それでも子どもたちが文句も言わずに、姿勢を正して聞き耳を立てているとすれば、想像だにできない話術や人間的魅力を備えた教師であるか、あるいは別の理由、そう、ひょっとしたら怒られるから怖いから我慢しているのだ、なんてことを勘ぐってみたくもなるというものです。

前を向いた座り方では、子どもたちは友だちの背中と後頭部を見ていることになります。不安だと思いませんか。私が「コの字型」を基本にするのは、「よそ見ができる」からです。友だちの顔がのぞけるのです。友だちがどんな表情でいるのか、悩んでいたり、考えていたり、笑っていたり……、お互いの表情を見合いながら進める授業って、きっと安心できると思うのです。

日本の教室は「学び合い」ができない仕組みになっています。子どもたちは小学校に入学したらすぐに、勉強は孤独で不安なことだと、恐怖を植えつけられてしまうのです。勉強は一人でするものであり、分からなくなったり、テストの成績が悪ければ、それは自己責任にされてしまいます。だから「分からない」ときもなかなか声に出して言えない。だって「分からないのは自分が悪いのだ」と刷り込まれているのですから。それでもなんとか勇気を振り絞って自分で誰かに声をかけて教えてもらうか、親にお金を出してもらって塾に行くか、それができない人はもう勉強をあきらめてしまったり、あるいは授業に参加することを拒否することになってしまいます。

「学習って面白い」という声が、なかなか子どもたちからも教師からも聞こえてこないのですね。ざんねんながら。

テストやプリント漬けの勉強ってなんなの?

教員はとても忙しい。毎日夜の九時や一〇時まで職員室や教室の明かりが煌々と灯っている学校は、ざらにあります。残業は（教職員には残業手当がつかないのですが）優に月八〇時間を超える人もたくさんいます。これは、過労死や健康障害の労災認定が下される基準となる「過労死ライン」を超える時間数でもあります。学校には残らないが、家に持ち帰って夜遅くまで仕事をしている人たちもあります。

ではいったいそんなに遅くまでどんな仕事をしているのかといえば、会議が長引いたり、教材研究であったり、子どものノートやつづり方を読んで返事を書いたり、保護者からの電話や、急な事故や事件で対応したり、家庭訪問を繰り返したり、時にはクラスの子の親の帰りを待って、夜遅くに給食費の請求に足を運ぶことまであります。種々雑多、教育と関係があるのかないのか線引きがとても難しいさまざまな仕事が、まさに、のしかかってくるように次から次へと目の前に現れてきます。

テストや宿題プリントの「〇《マル》つけ」の量は、半端ではありません。猛烈なスピードで〇つけをしていくのですが、国語のプリントが終われば、算数のプリントの二枚目、三枚目と続きます。点数を計算してスピード感ある斜めの文字で点数を書きつけます。それが、毎日延々とエンドレスで続くのです。

新任の教師が「子どもの頃、先生が赤色のソフトペンで花丸をつけてくれたことがうれしくて、私も〇つけに憧れていたんですが、もうやりたくありません」と、疲れた表情をさらにゆがめて笑いながらつぶやいた言葉が忘れられません。

わが子の保育園の迎えの時間を気にかけながら、プリントやノートをいっぱいに詰め込んだ大きな布袋を肩に掛け、駆け出すかのように職員室を飛び出す、女性教師の姿もたくさんあります。帰宅して食事の用意をし、夕食を済ませ、子どもを寝かした後に、〇つけをする姿が想像されます（教職の現場も、まだまだ男女平等ではありません）。最近では個人情報の管理を理由に、持ち帰りを禁止する学校も多いようです。その分、土曜日や日曜日に学校に出勤して仕事をすることになります。もちろん残業手当は支給されません。

それにしてもと思うのです、いったいいつの頃から学校教育はテストやプリントにこんなにも頼るようになってきたのだろうか、と。

私はよく若い人たちに言います。「あなたたちは、私が担任していたときの一〇倍くらいテストやプリントをやっているんじゃないかな」と。目を白黒させて聞き入ります。「それだけ膨大な量のプリントを子どもたちにやらせるということは、そのために多くの授業時間を使っているんですよね。その時間で、子どもたちが目を輝かせて身を乗り出してくるような授業をつくろうとは、考えられないかな」。何を言いたいのかと、けげんな表情も浮かびます。

「○つけばかりに追い回されることもなくなるんじゃないの。一気に十分の一に減らせとは言わないけど、まずは半分に減らしてみてはどう？　一人でやるのは勇気がいるけど、みんなで渡れば怖くない、相談してみたらどうだろうか」

やがて、うつむき加減になり、口数が減り、早く○つけを終わらせてしまいたいと言わんばかりに、○つけの手を止めているプリントに視線が移ってしまうことになります。

きっといろんな思いが駆け巡っているに違いありません。親はどう思うだろうか。「せんせぇ、お母ちゃんがこの頃テストせえへんな、言うとったで」「習ったことは、プリントでテイチャクさせなあかん、せんせぇに言うときと、お父ちゃんに言われた」なんて、わざわざしゃべりに来る子どもの声が耳元で聞こえそうな気がしてきたり。

ひょっとしたら、テストをしなかったら通知表の評価がつけられないし、個人懇談会で親と何を話したらいいのか分からないなんて不安が、教師の中に膨らむのかも。宿題プリントを減らしたら、「ただでさえうちの子は勉強せえへんのに、プリントがないなんて」とすぐさま声が返ってきそうだし。あるいは、プリントをしなければ授業の間が持たない、何をしたらよいのか分からない、なんて現実もあるのかもしれません。

おかしいと思っても、変える必要があるのではと声が上がっても、テストやプリントにすがりつく習慣、常識が、親や子どもや教師の間に「空気」のように蔓延していると、私には思えるのです。

「教える側」から見るのか、「学ぶ側」から見るのか

教室の風景一つをとっても、「教える側」から見るのか、「学ぶ側」から見るのかでは、景色の見え方がずいぶんと違ってきます。かつて大阪市長だった橋下徹さんが、中学校で問題行動を起こした生徒を停学処分にして、別の場所に集めて指導すると提案し、教育委員会はそれを推進しました。友だちが排除された教室で行う授業ほど味気ないものはないでしょう。一方で排除された子どもたちは、いったい何を思うのでしょうか。これは「教える側」からしか見ていない、「学ぶ側」から見る視点は微塵もありません。

では皆さんが勤めている学校、あるいは皆さんの子どもが通っている学校、あるいは皆さんの住んでいる地域の学校はどうでしょうか。

「教える側」から見ると、教えたことを理解しているか確かめたくなります。手っ取り早く、しかも客観性を持って確かめるためにテストをします。テストをすれば評価をつけます。評価をすれば「できる・できない」の価値観が生まれ、教師だけではなく親や子どもの中にもその価値観が芽生えます。競争が起こります。

近頃では、教師も保護者や子どもから評価される制度もはじまり、「できる教師・できない教

師」「授業のうまい先生・へたな先生」なんていうレッテルが張られることもあります。

教員は当然よく見られたいと思います。あたりまえです。だから教育技術、ハウ・ツーを求める。子どものニーズではなく、教師のニーズが先行する。忙しい日々の中で効率性を求めます。もっと効率よくするために「分ける」（習熟度別クラス、問題児を分ける、障害児を分ける）。さらに科学的装いをこらして、効率化、分離の正当化を図る（能力、発達段階、大脳生理学などという言葉を使いながら）。

これでは、（ちょっぴり堅苦しい言葉になりますが）必然的に能力主義、評価主義、競争主義が生まれ、序列化が進みます。

皆さんの知っている学校は、こういう風にはなっていませんか。では、皆さんが子どもを見る目はいかがでしょうか。たとえば、わが子を見るとき。

本来子どもの側に立って応援するはずの親までが、テストの点数や、成績表の数字を子どもの能力だと決めつけたり、ほかの子と比べて競争をあおったり、塾にまかせてしまったり……と、子どもの立っている「学ぶ側」ではなく、「教える側」からわが子を見ていることはないでしょうか。

「できる・できない」の価値観でわが子が差別されてきた経験を持つはずの障害児の親ですら、それでも「教える側」から子どもを見てしまうこともあります。「ひらがなが書けたら、次は漢字を」「足し算ができたら、次は掛け算ができるように」と、教師に要求し子どもに求めたりするのはよくある光景です。

このように私たちの社会は、すでに能力主義が蔓延していて、子どもも大人もどっぷりとその中に浸かっているのです。浸かっていることすら意識できないほど、あたりまえのこととして。ましてや日常の中で疑問を持つことなど微塵もあり得ないほどに。

私はこれを「日本の頑迷なる能力神話」と呼んでいます。そしてこれがあの「原子力の安全神話」と瓜二つに思えるのです。私たちの誰もが当事者であるはずなのに、批判したり検証したりする労力と責任を避けて政府や電力会社やマスコミの言うがままに「まかせて」しまったことで、さらに巨大な神話となって、もはや疑う声を上げることもはばかられるような雰囲気に国民を縛りつけてしまった、あの「安全神話」と同じに思えてならないのです。

教室では、子どもと教師の主語が交錯する

「教える」と「学ぶ」は違います。いったい何が違うかといえば、まずなんといっても主語が違います。学校においては、「教える」の主語は教師、「教師が」教える。「学ぶ」の主語は子ども、「子どもが」学ぶのです。現実の教室、授業の場では、その主語が交錯しています。

だから教育を語るときは、教師という主語と子どもという主語の両方が活躍する姿が見えてく

るはずなんですが、研究会などに参加していると、「教師がこうしたから、子どもがこうなった」と、教師を主体にした一方的な話ばかりが聞こえてくることがよくあります。

私はできるだけ「教師」の主語が出しゃばらないで、「子ども」の主語が活躍する教室や学校がいいなと思っています。

でもね、これが意外と難しい。先生が子どもの前に立つと、のどがムズムズッとしてきたり、心がザワザワッと泡立ってきて、体がジワジワーとうごめいてくるようになって、しゃべりはじめてしまうんですね。いったん言葉がほとばしり出ると、とめどなく流れ出すことになってしまいます。これって、教師の職業病なんでしょうか、子どもに何か言いたくてたまらない、何かしたくてたまらない、教えたくてたまらなくなる、というのは。

支援学級の担任なんかになると、「自分がこの子のために何かしてあげられるはずだ」「一つでも多くできるようにしてあげなければならない」と、自分が子どもを抱え込むように支援学級で向かい合って、一生懸命教える姿はよく見かける光景でもあります。

一年生から六年生までの全員で活動する「学校総合」に取り組んだことがありました。クラスや学年で総合学習の授業はやってきたのですが、学校全体となると職員の誰も経験したことがありません。教師が計画を立て、児童会を使って行う学校行事なら毎年恒例にもなっているのですが、「総合学習」と銘打つ限り「子どもたちの主体性を尊重する」という言葉がお題目のように頭に浮かんで離れません。

「企画から運営までのすべてを可能な限り子どもたちにまかせよう」と思うものの、いったいどんな事態が生まれるものやら皆目見当がつきません。ましてや六五〇人の全校児童が動くのです、悲鳴を上げたくなるほどの不安に駆られた職員も少なくなかったと思います。

「子どもたちにまかせて教師が何もしないということは、いったい教師であるところの自分は何をすればよいのか」、それが分からなくなってしまうのです。

そんなこんなで、子どもたちも教師たちも暗中模索の中、それでも「何かしら面白そう」と淡い期待も持ちながら、第一回の学校総合実行委員会が開かれました。参加する教師も子どもも発言権は平等です。教師と言えどもちゃんと挙手しなければ議長から当ててもらえません。

以降、めきめきと子どもたちの発言力、構想力、実行力が発揮されて進められ、次々とアイデアが出され決められていきます。むしろ教師の自信のなさが、子どもたちを勢いづかせ、いきいきとした活動に駆り立てる結果を生んでいるかのようにも見えました。

テーマソングが生まれ、バンドが結成され、野外ステージがつくられて、クラスや学年、個人、グループで取り組む、歌あり、劇あり、研究発表あり、奇想天外な出し物あり……と、丸二日間の学校生活を子どもたちが運営する〝FRIENDS《フレンズ》フェスタ～友だちになろう～〟が見事に開幕したのでした。

この学校総合は、一〇年経った現在もＰＴＡが野外ステージで歌い踊ったり、お世話になったゲストティーチャーを招待したり、地域の人たちが参加するなど、周りの人たちを巻き込みながら続いています。

「それにしても、子どもたちはすごい！」〝フェスタ〟が終わったとき、何人もの教員の口から漏れたこの感動が、私たち教職員が学校総合の取り組みを通して得た一番の収穫であったのかもしれません。

「教師は何もしなくてよいのか？　そうでないのなら、何をしなければならないのか？」という問いをもう一度投げかけてみましょう。

「教える側」からだけではなく、「学ぶ側」からも見る。それだけで、子どもの姿や授業の展開や教室の光景が違って見えてくるはずです。さらに教師も「学ぶ側」に参加して、子どもたちといっしょに試行錯誤し、学びの面白さや驚きや感動を子どもたちといっしょに経験するような学習の世界をつくりたい、私はそう考えています。

「共に生きるための学力」を

今でも思い出すたびに恥ずかしさで顔が真っ赤になってしまうお話です。教師になって四年目で六年生を担任したとき、私のクラスの国語の授業を教員たちに見てもらい、放課後話し合う校内研究会を持ちました。

その時の講師が東井義雄《とういよしお》さんでした。戦前・戦後を通じて兵庫県の山間の村の学校に勤め、生活つづり方運動に取り組み、実践され、多数の著作を刊行されている「偉い先生」と聞かされていました。緊張して迎えた授業だったのですが、教室の後ろに静かに微笑を湛えて座っておられる姿に、むしろ子どもたちも私も安心感を覚えて集中できた、不思議な体験として印象に残っています。

研究会の後、東井さんを囲んだ交流会で、私は手を挙げて発言を求めました。「東井さんは『村を育てる学力』という本も書かれているが、ゲマインシャフト（共同社会）を想定されてないか。今やゲゼルシャフト（利益社会）の時代で、育てるべき村などどこにもないのでは」と、舌をかみそうな横文字を並べて生意気にもまくしたてたのです。今や共同体など夢物語だと言わんばかりに。

東井さんは穏やかな表情で言葉を選びながら、「そのとおりかもしれませんね。一生懸命勉強した子どもたちは、村を捨てて都会に出ていきました。その意味では、私がやってきたことは失敗だったのかもしれません」と仰いました。これは村を出ていかざるをえない子どもの心情に思いを馳せ、都会にあっても故郷を忘れていないと信じ、そんな子どもを育てた教育の力を疑わない信念に満ちた言葉だということが、私にはすぐに分かりました。老教師の誠実さに感動し、カッと恥ずかしさが体を駆け抜け、私は押し黙ってしまいました。

二〇一四年八月に「全国学力調査」の結果が公表され、テレビや新聞でも大きく報道されました。たとえば小六国語Aでは、最上位と最下位の都道府県別の平均正答率の差は八ポイントだといいます。八ポイントの中に四七都道府県が並べられ、マスコミや教育委員会や地元の政治家や親たちによって、比べられ順位を競わされているのです。学力調査の時期が近づくと、授業時間に「過去問」のプリントをしたり、宿題に出したり、あるいはテスト中の机間巡視で教員が合図を送るような話まで聞こえてきたりします。コレってとってもヘンだと思いませんか?

子どもたちにどんな学力を期待するのでしょう。受験のための学力か、立身出世のための学力か、共に生きるための学力なのか。同じ日本の中で都道府県や学校や子どもを点数で比べて競わせることに、いったいどんな意味があるというのでしょうか。

学力を巡る議論をするとき、私は「村を育てる学力」なのか、「村を捨てる学力」なのかと、東井義雄さんとやり取りを交わした場面を思い出します。あの時流した冷や汗の感触と共に。そして迷うことなく「村を育てる学力」を育てたいと声を上げます。それは「共に生きるための学力」を育てることと同義であると思うのです。

教えるだけが授業ではない

「いったい授業って何のためにするんだろう」、最近の学校を見ていてふとそんなことを考えます。「教える」ことばかりに目が向いて「育てる」ことが軽視されているように思うときがあるのです。

新任の女性教員Aさんが子どもたちとがっぷり四つに組み合って悪戦苦闘する姿に目を見張ったことがあります。教員になる夢をかなえたAさんは四年生の担任になりました。希望に胸膨らませて教壇に立ったものの、性格も生活環境も違う目の前の子どもたちが、Aさんの思いどおりに動いてくれる道理がありません。話が通じない、騒がしい、やがて子どもたちとの間にギクシャクした齟齬を感じるようになりました。

なんとかできないかと試行錯誤を繰り返します。休み時間にいっしょに遊ぶ、本の読み聞かせをする、「厳しさが足りない」と先輩に指摘されれば声のトーンを変えたり、時には教室に轟く声を上げてみたり……。しかし教室の喧騒は広がるばかりで子どもたちとの溝はますます深まっていくかのようでした。それでもAさんは、子どもたちの視線が集中し、気持ちがつながり合うような授業ができないかと懸命にそれを求め続けていました。

社会科で「水道」の授業をしているときでした。Aさんが「あのね、いつも思うてることあるんやけど」と言ったとき、子どもたちの目がAさんに向きました。「教師らしく」と思い詰めていた殻を脱ぎ捨て、自然体で子どもに向き合った瞬間に、私には見えました。続けて「寝屋川市の水道水より、徳島の先生の実家の水の方がおいしいと思うんよ」と言うと、「ええ、ホンマ？」「うそぉ！」「飲んでみたいわ」と活気が生まれます。飲み比べをしてみることにしました。

なんと、徳島に住むAさんのお母さんは、家庭の水道水を満杯に詰めたペットボトル一〇本を、大阪まで運んでくださいました。

寝屋川市の水道水、コンビニの天然水、徳島の水道水を入れた三本の目隠しをしたペットボトルが教卓に並びます。子どもたちは固唾をのみ目を凝らして、小さなカップに注ぐAさんの手元を食い入るように見つめます。そして、ちびりちびりと舐めるように味わって飲むと、味が違うと声が上がりました。

「川が汚れているから?」「学校の近くの古川もゴミがいっぱいや」「おじいちゃん、小さい頃古川で泳いでたと言うてたわ」、次々と発言する声が心地よく教室に響きます。みんなで古川をフィールドワークしてみようと提案すると歓声が上がりました。

Aさんは教える技術は未熟かもしれませんが、全身でかかわることで子どもの学習意欲に火をつけたのです。

いろいろな人を巻き込みながら学習が続く

Aさんと子どもたちは、水道水の味への興味から校区(大阪府寝屋川市)を流れる古川をフィールドワークすることにしました。気づいたことをノートに書きとめ、教室でにぎやかに意見交換しながら授業を進めました。

その話を聞きつけた市の下水道課から連絡が入り、「〝水辺クラブ〟というNPOが川を保全する活動をボランティアでやっている。いっしょに古川のコイを育てませんか」というのです。もちろん子どもたちは大喜び、ほかのクラスにも呼びかけて、四年生全員で毎日観察しながら、エサやりと水温の計測、水槽の掃除もしてコイを育て、生まれ故郷の古川に帰しました。

「これは面白い教材だ」と私は思いました。普段の授業では見られない活気をどの子どもからも感じます。校区を流れる川だから親や祖父母の世代にもなじみが深く、保全には行政もNPOも積極的です。これだけ条件が揃う教材はめったになく、翌年も続けることになりました。

今度はコイを卵から育てることに。水槽には、古川で採取した砂や水草、小魚や貝も入れ、本物の川を目の前に再現しようと子どもも大人も熱中しました。そんな取り組みが進む中で、「こんな汚れた川に、せっかく育てたコイを戻したくない」と発言する人がありました。「今の古川でバランスがとれてる」と反論も出ます。意見が交わされ討論が進むと、やがて「自分たちの校区の川はきれいになってほしい」とみんなに共通の思いが募ってきました。古川をきれいにするため「掃除する」「浄化装置をつける」「ゴミ箱を設置する」「啓発ポスターを張る」の四案が生まれ、実際に取り組むことになりました。

自治会長さんに説明に行ったり、ゴミ箱づくりにのこぎりやトンカチをふるったり、浄化用の炭を提供してほしいと手紙を書いて一軒一軒のポストに入れたり。中には焼肉屋から大量の炭をもらってくる猛者たちもいました。川掃除のグループは、水辺クラブの応援でゴムボートも出してもらいました。こうして年度末の三月、一人ひとりが思いを込めて、育てたコイを放流しました。

この授業は毎年続き、さまざまなドラマが生まれました。水温が低くて水草が育たず卵が採れない年には、子どもも水辺クラブのおじさんたちも頭を抱えました。考え抜いた末に毛糸やヤシの葉やシュロのヒゲなどで人工水草をつくり、これに産みつけられた卵を発見したときは、みんな小躍りして喜んだものでした。子どもも大人もみんなが熱中する学習というものがあるものなんですね。

学習の世界はワクワクする不思議と感動に満ちています。授業とはその世界に向かって人を乗せ、大波小波に揺れ揺られながら漕ぎ出す手漕ぎの舟だと、私は想像することがあります。

魚博士のユウマくん

ある時、校区に住んでいるというおばあさんから職員室に電話が掛かってきました。「毎日、日が沈みかけた頃に小学生が一人でじーっと川を眺めているんです。なんだか心配でねぇ。声をかけていいものかどうか分からなくて」と言われます。新聞やテレビで「いじめを苦に子どもが自殺」の文字や映像が盛んに流されている中で、もしやと気遣われたのだろうと思われます。

「まてよ、ひょっとして」と思い当たった私は、体型や顔の特徴を挙げてたずねてみると、やっぱりユウマくんに間違いありません。

四年生で「コイを育てる学習」に取り組んで以来、すっかり魚大好き人間になってしまったユウマくんは、五年生になっても一人で魚の観察を続けていたのでした。どうも毎日古川を見てコイの生態を調べるのも日課になっていたようです。そんな事情を説明して、おばあさんには納得していただきました。

朝、職員室のドアがゆっくりと開き、ユウマくんの顔がヌゥとのぞきます。左手で抱きかかえるように支え持ったパンパンに膨れた書類ケースから、「観察ノート」を取り出して私の目の前に開いてくれます。そしてひとくさり、自分が見つけた古川の状態や川の流れと生き物の変化などについて話すと、のんびりと向きを変えて教室に向かいます。少々肥満気味の大きな背中にぺチャンコのランドセルをきゅうくつそうに背負い、図書館や淡水魚研究センターで集めた資料やら、ノートやらで大きく膨らんだ書類ケースを大事そうに小脇に抱える姿がアンバランスで、それがまたいかにもユウマくんらしい雰囲気を醸し出しています。とはいうものの、担任はそんな風情を楽しむ余裕はないようで、「言いたくないけどね」と前置きしながら、「魚のことに夢中になっているせめてその半分、いや四分の一でいいから、勉強してほしいもんやわ。宿題もやってこないし」と、愚痴の一つもこぼれてしまいます。観察ノートを見た友だちが、「図工でもなかなか絵をかけへんユウマが、こんな詳しい絵をかいたり、きれいな字を書くなんて」と驚きを隠しません。とにかく魚に関しては人後に落ちないユウマくんです。

五年生から一人で楽しく続けてきたユウマくんの「魚の研究」ですが、なんだかこのままにしておくのはもったいない気がしてきて、おせっかいかもしれないけれど、「どうや児童集会（第二章「子どもを育てる仕組みの屋台骨」参照）できみの『魚の研究発表』をやってみないか」と、六年生になったユウマくんに声をかけました。授業中手を挙げないし、先生から指名されても無言でぶっきらぼうに立ちつくしていると聞いていたので、ましてや六〇〇人の前での発表をどう説得したものかと思案していたのだけれど、二つ返事で「ええよ。やるわ」と答えたのにはびっくりしてしまいました。

ユウマくんが声をかけたいずれ劣らぬ元気者の三人と、噂を聞きつけた二人の「魚好き」の「一風変わった」六人のチームが、プレゼンテーションに向けて動き出すことになりました。ケンカやら仲間割れやらを繰り返しながらも、休憩時間はパソコン室にこもってパワーポイントをつくり、放課後は誘い合わせて河川の調査に行ったり、図書館や淡水魚センターで資料集めをしたりと、準備が進んでいきます。「あの」ユウマくんたちが研究をしているとの噂は職員室にも広がり、校長先生がぜひにと提案した市内の小学校が合同で開催する「理科研究発表会」にも参加しました。

そしてついに児童集会での発表を迎えました。お世話になった水辺クラブの人たちや、お家の方たちも見守る中登壇した六人は、マイクを手にして、それぞれが指し棒でスクリーンに映る自作のパワーポイントの写真を指し示して説明してゆきます。会場にはため息や笑いやうなずきなど、敏感な反応が生まれます。大きな拍手をもらって降壇した六人は、満面の笑みをこぼしていました。

卒業後、「俺な、いじめにおうて中学一年の二学期から不登校やってん」と告げたこともあるユウマくんでしたが、その間も水辺クラブの活動には休みなく参加していました。高校受験もなかなか合格できずに、滑り込むように手にした高校生活ですが、先日も国土交通省主催の全国湾処（ワンド）の研究大会で、水辺クラブの一員として大人たちに混じって大勢の聞きいる会場でプレゼンテーションをしたそうです。なんとその発表でグランプリを受賞したと、授賞式の帰りの車中から報告の電話を掛けてくれました。

ユウマくんは大好きな魚や川を相手に取り組む学習を通して、さまざまな出会いを生み、信頼できる人間関係をつくり、自分の居場所を見つけているのだなあと思うのです。

事実を通して考える

五年生の社会科「日本の工業」を学習していました。教科書も使いますが、なんといっても「現場」のフィールドワークは、子どもたちの学習意欲に火をつけます。

松下電池工業の工場見学をした後の授業で、ケイタくんが「もっと機械のスピードを上げたら、たくさん製品もできるし、もっと儲かる」と発言すると、俄然活発な話し合いが生まれました。「本社のスピードを上げれば下請けの機械のスピードも上げなあかん。新しい機械や設備を整えるのに、お金がいるし、下請けがつぶれるかもしれへん」との意見を皮切りに、「下請け」の問題が出てきました。

ルミさんが「うちのお母ちゃん内職してるけど、第三下請けということか」と発言すると、「うちのお母ちゃんも内職してるで」「オレとこも」……とにぎやかに話が続くうちに、ルミさんのお母さんに来てもらって、実際の内職の仕事をいっしょにしながら話をしていただくことになりました。

「いたいわぁ、指にこんな型がついたわ」「コツがあるねんで」「これ一個が五〇銭か!」「肩こるやろな」……なんてつぶやきもボソボソ漏らしながら、ビデオのわずか一部に取りつける部品をつくり続けます。

苦労してつくった部品を手のひらに乗せながら、「これで一〇円とは安すぎるで」と声が上がると、「でもな、会社がつぶれても困るしな」と応えます。

その時、「ぼくのお父ちゃん会社辞めるかもしれへんねん」、ボソッとツヨシくんが漏らしました。「お父ちゃんの会社、給料が少なくなってきて、会社を辞めるか、遠いところにある関連の会社に行くか、どうするか会社に聞かれてんねん」と言います。生唾を飲むかのように真剣な視線がツヨシくんに集まりました。

その後、ツヨシくんのお父さんにも教室に来ていただいて話を聞きました。授業は景気の問題、リストラの問題へと続いてゆくことになったのですが、子どもたちは誰に言われるでもなく、家庭の収入や家計の問題、親の給料や会社の景気などについて家族で話し合ったり、放課後にグループを組んで校区にある家内工場をフィールドワークするなど、取材活動を展開しました。

教科書からスタートしても、一人ひとりが経験を通して考えたり、現実の社会の問題と出会ったり、友だちの意見に耳を澄ましたりしながら、子どもたちの学習は進みます。教科書だけが教材なのではなく、子どもの意見や考え方、生活が教材となって授業が展開し、学びが深まり、広がっていきます。むしろ子どもたちの学習を押しとどめてきたのは、ひとえに時間数や進度、周りからの見られ方、評価などといった教員・大人の側の問題なのです。

「特別の教科 道徳」がはじまった

そもそもなんで今、「道徳の教科化」なの、「検定教科書」を使うの、「評価」が必要なのと、首を傾げてしまいます。なぜなのでしょうか?

一八七二年（明治五年）の学制発布が、日本の近代教育の幕開けと言われます。ヨーロッパの強国に追いつけ、追い越せという新政府の富国強兵策の下、軍事技術と応用化学、医術、鉄道建設、建築などの実学が急速に効率的に取り入れられました。自ら問題を立てて、試行錯誤しながら解決していく、ルネッサンス以降のヨーロッパの学問の方法は見向きもされませんでした。

その一方で、忠君愛国を国民道徳として強制する「精神主義」を、国民すべてに徹底しました。「実学主義」と「精神主義」という、いわば相反するものを同時に取り入れることが、むしろ富国強兵策の要と考える明治新政府の支配層の戦略は、きわめてプラグマティック（実用・実利主義）なものであったのではないかと思われます。

一九四五年の敗戦。そして一九四八年の国会決議で「教育勅語」が廃止され、道徳教育は「修身科」のような固有の教科を置かず、教育活動のすべての面で進めるとの原則をとることになり、その中心的役割を新しく設けた社会科が果たすことになりました。それは、憲法・教育基本法を守り、市民、国民を育てるという意思表示であり、世界に向けた約束でもありました。戦後民主主義教育の出発です。

しかし、戦前との連続性が断ち切られたというわけではありませんでした。その後、道徳教育強化論が顔を出し、道徳の時間の特設が学習指導要領に明記され、すべての学校で道徳教育の全体計画の作成が求められ、補助教材「心のノート」の配布、「私たちの道徳」への改訂などを経て、二〇一八年の学習指導要領改定による「特別の教科 道徳」の実施となりました（中学校は次年度から)。

戦後の民主主義教育の方向性は変えられた。あるいは「戦後民主主義教育」を変えることを目的にした「道徳の教科化」であると、私は考えています。

憲法・教育基本法が生まれ、さまざまな子ども観や授業実践が提唱され、パソコン、タブレット、電子黒板などの教育ツールが開発されても、結局戦前と戦後で断ち切られることなく連綿と続いてきた流れがあったのだと、思い知らされます。いや、学制発布以来一五〇年間、毀誉褒貶《きよほうへん》を繰り返しながら、日本の学校教育制度の根幹は続いてきたのだと言うべきなのかもしれません。

学習指導要領を見ていると、いやはやなんともすごい。縦・横に細かな文字がびっしり詰まった「マトリックス・表」を想像してみてください。縦軸に「よりよく生きるための基盤となる道徳心の四つの内容」を配し、横軸に小学一年生から中学三年生までの九年間の時間軸を設定。各学年ごとに、「四つの内容」の具体的な項目、すなわち「徳目」が一九個から二二個並べられていて、九年間を通して身につけるべき八三個の「徳目」がパノラマのごとく並べられた壮大なシラバスが押しつけられています。

いったい八三個の徳目を身につけた「国が期待する子ども」とはいかなる姿かたちをして私たちの前に現れ、いかなる言動をするのでしょうか？　子ども一人ひとりの人間としての尊厳と多様性を認めるのではなく、国の求める価値観に子どもを合わせようとする人間観は、戦前の教育勅語を元にした修身科の教育観とそのまま連続していると言わねばなりません。

価値観を教える授業では、「学びの力」は生まれません。シラバスに沿って進める学習計画や、予定調和をめざす授業からは、「学びのエンジン」は発動しません。

たとえば、小学五、六年生で身につけるべき二二個の徳目の内の一四番目には（ヤヤコシイでしょ。でも冗談のような話が進行しているのです）、「働くことや社会に奉仕することの充実感を味わうとともに、その意義を理解し、公共のために役に立つことをすること」と指示されています。先生に「公共のために役立つことは人として大切なことです」と教えられても、反省ノートで「私はこれからは人の嫌がる仕事も進んでやろうと思いました」と書いても、それに教師が高評価を下しても、教師から子どもへの一方的な価値観の伝達に終わってしまえば、そこには学びは生まれません。

終わりの会でAさんが、「Bくんはいつも掃除をサボります。どれだけ注意しても聞いてくれません」と発言し、すぐに立ち上がったBくんが「ごめんなさい。もうこれからはサボりません」と謝って着席する。Aさんは、「いままでも謝ってばかりで、信じられない。私まで掃除をしたくなくなってしまう」と追及します。Bくんは「なんでオレだけ言われるねん。ほかにもサボってるやつおるやんか」と周りを見回しながら語気を荒らげる。やがて、なぜ掃除をするのかが議論され、クラスの人間関係まで課題になってくる。事実を通して議論する中で、価値観がぶつかり合う。子どもたちが自らの生活や経験を通して、「公共」や「奉仕」や「労働」の意味を考えます。

「事実を通して学ぶ」とき、子どもたちの中に「学びたい」というスイッチが入り、「学びのエンジン」が発動し、主体的・対話的で、深い学びが取り組まれていくのです。

「道徳の教科化」を考える研修会で、私が二〇一二年に東日本大震災を教材にして取り組んだ授業・実践を報告しました。親戚が被災した人や、父親が気象庁の仕事で現地に入ったという人など、被災地との身近なつながりを語る人たちが現れ、救援隊として発生五日後の現地に派遣された消防隊員のお父さんにゲストティーチャーとして学年授業に参加してもらいました。その後、社会科の「日本の漁業」の学習と合わせて、現地の漁業で働く人たちと手紙を交換しながら、一年をかけて学習が続きました。その研修会での報告の最後に、「一年間を通した道徳の授業はできないだろうか」と問いかけました。私の報告を聞きながら活躍する子どもたちの姿を想像して目を輝かせていた参加者の視線が下を向いてしまったように感じました。「道徳の教科書」以外の教材を使ってみてはどうかと、たたみかけるように問いかけてみるのですが、「そんな自由さはすでに奪われてしまっている」との答えが力なく返ってきました。

毎週一時間、教科書教材を使って年間三五週、教師から子どもへの価値観を一方的に伝達する画一的な「道徳」の授業が、全国で一斉に進められています。国が用意した八三個の徳目を身につけた子どもが出現することを想像するのも怖い。「教える道徳」をあたりまえに受け入れて実践する教師たちの姿を想像するのも怖い。

第六章　日本の障害児教育の行方

障害者権利条約

"Nothing About Us Without Us"（私たちのことを、私たち抜きに決めないで）。世界の国々や地域で障害者が声を上げ、行動を起こして求めた障害者権利条約は、二〇〇六年の国連総会で採択されました。日本政府が批准し国連が承認したのはそれから八年が経過した二〇一四年。年数がかかったことには大切な理由があります。障害者問題を取り巻く日本の状況は、条約を実現するにはほど遠く、障害者団体などから、まずは国内法の整備などの環境づくりを強く求められたので、それだけの歳月がかかってしまったのです。

ちょっと聞き慣れない言葉づかいで読みにくいかもしれませんが、その障害者権利条約の前文にはこう書かれています。「障害者による人権及び基本的自由の完全な享有並びに完全な参加を促進することにより、その帰属意識が高められること並びに社会の人的、社会的及び経済的開発並びに貧困の撲滅に大きな前進がもたらされることを認め」（日本政府公定訳）と。

これって、「障害者にとっていいだけではなく、誰にとってもいいことが生まれるんだ、だから必要なんだ」と言っています。つまり障害者が完全に社会参加することによって、社会の人間関係や社会の仕組みがよくなり、経済が発展し、貧困の根絶にもつながるというわけです。

難しい言葉で書かれているように見えますが、私はストンと腑に落ちるように理解できました。学校も同じだと思ったのです。障害児が過ごしやすい教室は、どの子どもにとっても過ごしやすい教室であるし、障害児がいきいきと取り組む授業は、どの子どもにとっても目を輝かせて取り組める授業であることは、教員であれば誰もが経験的に知っています。だから障害者の暮らしやすい社会は、誰にとっても暮らしやすい社会であることは、容易に想像することができます。

こんな条文もあります。「全ての障害者が他の者と平等の選択の機会をもって地域社会で生活する平等の権利を有することを認めるものとし、障害者が、この権利を完全に享受し、並びに地域社会に完全に包容され、及び参加することを容易にするための効果的かつ適当な措置をとる」（同上第一九条）。

条約全文のどこを読んでも、障害者だけを取り出した記述はありません。障害者と他の者と社会に同時に視線を向けながら、その関係の在り方を問い続けています。そして、障害者と健常者と社会の関係はインクルージョン、「お互いを認め合い」「排除しない」関係、「共に生きる」ものでなければならないと宣言しています。

「医学モデル」から「社会モデル」への転換と言われるように、これまでの障害者観を根底から覆すような価値観の転換が行われています。

障害者は保護されるべき対象ではなく、権利の主体である。その人の障害が問題なのではなく、障害者が健常者と同じようにあたりまえに生きていけない社会に問題がある。だから社会的な障壁を取り除くために、社会の側が適切な調節と変更（合理的配慮）をしなければならないなど、社会の側が変わることを、権利条約を批准した国々の政府と、国や地方自治体の行政や、国民に求めています。

わが国も法整備の中で新たに改正・制定された障害者基本法や障害者差別解消法で、「全ての国民が、障害の有無によって分け隔てられることなく、相互に人格と個性を尊重し合いながら共生する社会の実現に資することを目的とする」（障害者差別解消法第一章第一条）と、国の方向性を明確に示しました。

法律で「共生する社会の実現」と高らかに掲げた、いい言葉だなあと私は思っています。教育はインクルーシブ教育、障害のある子どももない子どもも「共に学び、共に生きる教育」に取り組むことになりました。では教育の世界は、学校の現場は今どのように変わろうとしているのでしょうか。

インクルーシブ教育は、障害のある子どももない子どもも「分けない」こと、「共にいる」こと、そこからはじまります。いや、そこからしかはじまりません。

どの子どもにも居場所がある教室

インクルーシブ教育とは、障害児教育の新しい一つの方法ではなくて、どの子どもにとっても必要な教育なのだと思います。これまでの日常の教室や、実践のさまざまな場面でも生まれていたに違いありません。どの子どもにとっても居場所があり、すべての子どもの学習権が保障される、差別のないあたりまえの学校、教室をつくろうという話です。

第三章で、脳性マヒのあるしんぺいくんの紹介をしましたが、入学当初音楽、図工、国語の三教科だけしかみんなといっしょに勉強できなかったしんぺいくんが、二学期からは毎日毎時間友だちといっしょに教室で過ごすようになると、放課後も大勢の子どもたちがしんぺいくんの家に押しかけ、遊ぶようになりました。

そんな頃、クラスで「詩の朗読会」に取り組みました。子どもたちは毎日毎日朗読の仕方を工夫して学校や家で練習を積み重ねて、本番に臨みました。私も黒板の上に「朗読会」と手書きで大書した横幕を張ったり、マイクスタンドを立てたり、「とても性能のよいレコーダーで録音します」と脅してみたり、一人ひとりの朗読する姿をフラッシュをたいて撮影したりと、いやがうえにも緊張が高まるように、舞台づくりにも趣向を凝らしました。

一人ひとりが前に立って朗読します。息をのむ音が聞こえるくらい集中した雰囲気の中で、頭の上から足の先まで友だちの熱い視線にさらされながら朗読するのです。

しんぺいくんの番になったとき、「どうする？」とたずねる私に、「みんなと同じように、前に出て、立って読む」、こともなげにそう答えました。すると同じ班の二人がすぐに立ち上がり、いっしょに前に出て、一人が後ろからはがいじめにするように抱きかかえ、一人が椅子に座って本を持つという体勢がまたたく間にできあがりました。

朗読がはじまります。教室の隅々に届くしっかりした声で読みます。再生したテープを聞いて分かったのですが、最初は横についた二人がしんぺいくんにだけ聞こえる小さな声で先行して読んでいたのですが、自分で読める、読もうとしていることに気づいて、その声がピタッと止まっていました。しんぺいくんが自分で朗読するように、一年生の子どもが、そんな自然な配慮をしていたのです。

見事な朗読をして大きな拍手をもらったのですが、私が知らないままに過ぎてもおかしくないこんな些細なやり取りにまで、子どもどうしのドラマが生まれていたのです。

しんぺいくんが書くときは、私が横につき、話しながら、しゃべったことをそのまま私が書く方法と、エンピツを握った手に私の手を添えて、話しながらいっしょにエンピツを進めていく方法で取り組んできました。しかし、しんぺいくんが書いたものでありながら、本当に書きたかったことなのかどうか、わだかまりをぬぐいきれずにいました。

三学期、『ひとりぼっちのライオン』を学習しました。その最初の感想を書いたとき、しんぺいくんを見ると、エンピツを握りしめたまま、いかにも考えている姿がありありとうかがえます。と、カクッと頭を落とし、原稿用紙に頰をこすりつけるようにしてエンピツを動かしはじめたではありませんか。一字、二字、三字……とひっかくように書いて、またゆっくり頭を上げます。口が動く。目が動く。そして落っこちるように頭を下ろして、また一字、二字……、ゆっくりゆっくり書いていきます。何度も繰り返しながら、とうとう「書けた！」と声を上げてエンピツを置きました。まったく自分だけの力で書き切った初めてのつづり方が生まれました。

「らいおんさん　しかたちト　トもだちになレテよかったね」、そう書きました。

しんぺいくんは、友だちに伝えたいから机をつかんで立ち上がり、体をくねらせて全身からしぼり出すような声を上げて発言します。友だちに読んでほしいから、エンピツを握りしめた手を引きずるように動かして、原稿用紙に書きつけていきます。口の動きを滑らかにしたり、手や指の機能を回復させる訓練をすることが合理的配慮ではありません。友だちの声に聞き耳を立てたり、お互いに自由に話し合える教室の雰囲気や環境をつくることが合理的配慮なのだと、私は考えています。

ヒカルといっしょにいたいねん！

三年生の国語の授業で、金子みすゞの詩『わたしと小鳥とすずと』を学習していました。詩の最後の一行「みんなちがって、みんないい」について話し合っているときです、「金子さんが言っているように、人はそれぞれみんなちがっている」「ちがっていることが大切なんだ」という意見が次々と出てきます。私がこの詩のもっとも重要なテーマだと考えていたことが、しかも子どもたちの話し合いを通して出てきたので、しめしめとほくそ笑んだりしたものでした。「さすがに子どもたちはすばらしいなぁ！」なんて感嘆詞も浮かべていたに違いありません。満ち足りた気分で授業をまとめて終わろうとしていました。

その時です、タケシくんが手を挙げました。教室の空気が一瞬変わります。次授業中タケシくんが手を挙げるなんて、これまで誰も見たことがないのですから。

やおら立ち上がると「俺ぇ、そう思わへん」と発言しました。みんなの視線が集中します。次の言葉を待っているかのように、静まり返ります。「だってな、ヒカルはジヘイショウという障害があるやろ。うまく話がでけへんし、聞くこともでけへん。みんなとちごてるやん。ちがってるから、二時間目のはじめだけしかクラスに来られへんし、みんなといっしょに遊んだり、勉強したりでけへんねん。……俺、ヒカルもいっしょにいてほしいねん」「だから『みんなちがって、みんないい』はまちがいやと思う」と発言しました。

自閉症の障害があるヒカルさんは、支援学級に在籍していて、週に一時間だけクラスの体育の授業に参加します。三年生の最初の体育の時間に「走る」ことを学習していたとき、支援学級の先生とやってきたヒカルさんは、先生の腕にしがみついたままクラスの輪に入ろうとはしませんでした。

私はヒカルさんの班のタケシくんに「ヒカルさんといっしょに走ってくれよ」と声をかけました。「うん」と返事をして近づき、「ヒカルぅ、走るぞぉ」と呼びかけ、手を伸ばしますが、ヒカルさんは動こうとしません。何度も駆け寄り声をかけ、手をつかんでスタートラインまで引っ張っていこうとするのですが、それでもヒカルさんはいっしょに走ろうとはしませんでした。でもタケシくんの「ヒカルぅ、走るぞぉ」と呼ぶ声は、いかにも元気者のタケシくんらしいぶっきらぼうな響きと、それでいてヒカルさんに対するやさしさがこもっているようで、私はとても好きでした。後で分かったのですが、タケシくんはヒカルさんと保育園でいっしょのクラスだったのだそうです。

私は「週に一時間ということは、三年生の一年間で三五時間しかヒカルさんといっしょに勉強できないということだ。これはさびしいよ」と、子どもたちの前で思わず本音を漏らしてしまいました。子どもたちの反応は素早いもので、「ヒカルさんと遊ぶ時間をつくろうや」「交流会をしよう」と声が上がり、学級会を開いて計画が立てられ、子どもたちが支援学級の先生たちと交渉して時間をつくり、目いっぱい遊びまくる交流会が実現しました。

その後もお母さんを教室に招いて話を聞いたり、毎日朝の挨拶をいっしょにしたり、給食を食べたり、時には体育以外でもいっしょに勉強したりと、いつもヒカルさんのことが話に出てくるようになりました。家庭でも「今日ヒカルさんがな」「今度ヒカルさんと」というように、団らんの話題に上がっていたようです。そんな頃に取り組んだ国語の授業でした。

さて、タケシくんの意見に対して次々と反対意見が出ます。「三年一組にも時々来てるからいやん」「タケノコ学級の友だちもいてる」「障害があっても三年一組の友だちやんか」……などと発言が続きます。

タケシくんは、一つひとつの意見に対して手を挙げて反論します。周りでおしゃべりしたり、手遊びで音を立てる者がいたら、「ちょっと聞こえへんから静かにして」と、なんと注意までしながら、友だちの意見を一言も聞き逃すまいと真剣に聞き入ります（「今までタケシが一番うるさかったんやないか」と声が上がらないのは、子どもたちのやさしさでしょうか?）。

「ちがうねんな、俺の言いたいことは……」などと前置きしながら、言葉を探すようにゆっくりとした口調で話します。やがて「なんかタケシの言いたいことが分かるような気がしてきたわ」「自分の意見が変わってきた」という人も現れてきました。

「違いを認め合って、共に生きる」ことの大切さ、すばらしさは誰もが口にします。私もそうです。しかし「俺は、ヒカルといっしょにいたいねん。みんなといっしょがいいんや」と語りかけるタケシくんの姿を見ながら、私自身がこれほど深く考えたことがあっただろうかと自問してしまいました。

タケシくんは、障害のある一人の友だちに寄り添って考えることで、教師のねらいどおりにうまくまとまっていく授業の予定調和の流れをくつがえして、もう一度金子みすゞの言葉を問い直し、何層にも深く広がる学習の世界に、みんなを導いてくれました。それだけではありません、「みんなちがって、みんないいというなら、なぜ分ける？」と、教師の考え方や学校の「仕組み」までを厳しく批判しているように、私には聞こえました。

障害者の高校受験

二〇〇一年に大阪府は、「知的障害のある生徒の高等学校受入れに係る調査研究校」を試験的にスタートさせました。その頃、寝屋川市内の障害者を囲んだ小さな集まりの場で、その「制度」を知った一人の母親が「この子の進路は養護学校しかないと思っていたけど、一つだけではないんですね」、ポツリとそう漏らしました。母親の心に灯った小さな光ですが、そこに託した大きな希望がありました。

小学校、中学校と地域の普通学校で友だちといっしょに学び遊んできたのに、中学卒業後の進路が障害のある生徒にはなぜ養護学校（現在の特別支援学校）一つしかないのでしょうか。ほかの生徒たちは高校の普通科や、工業高校、商業高校、芸術学科、定時制……、あるいは私学などと、さまざまな高校を選び、受験回数も複数の機会が与えられるのに、障害のある生徒にはそれがないのでしょうか。

どれだけ選択することができるのかが、自由というものの一つの、しかも重要な尺度であるならば、これは障害者の自由が奪われてしまっていることになります。

国連の「障害者権利条約」や、日本の「障害者基本法」、「障害者差別解消法」に照らし合わせれば、障害を理由に自らの進路を選択する権利が奪われているのであり、ほかの生徒たちといっしょに学ぶことを阻害する社会的障壁を除去するための「合理的配慮」が提供されていないことになります。それは「差別」であると明記されています。

ポツリと漏らした母親の言葉をきっかけにして、二〇〇二年に市内の高校に「自立支援コース」をつくってほしいと要望を掲げて、〝知的障害者を普通高校へ寝屋川連絡会〟をつくりました。高校受験についての情報交換や、小・中学校の様子、地域の生活などについて交流したり、また署名活動や大阪府教育委員会との話し合いにも取り組みました。

「みんなといっしょに高校へ行きたい」との声の広がりを示すかのように、北河内の各市からも障害のある児童・生徒や保護者、支援者、小・中・高校・支援学校の教職員などが参加するようになって、二〇〇六年に〝知的障害者を普通高校へ北河内連絡会〟と改称して現在に至っています。

郵便はがき

お手数ですが
切手をお貼り
ください。

102-0072
東京都千代田区飯田橋3-2-5
㈱ 現代書館
「読者通信」係 行

ご購入ありがとうございました。この「読者通信」は
今後の刊行計画の参考とさせていただきたく存じます。

ご購入書店・Web サイト			
書店	都道府県	市区町村	
お名前《ふりがな》			
〒 ご住所			
TEL			
Eメールアドレス			
ご購読の新聞・雑誌等		特になし	
よくご覧になる Web サイト		特になし	

上記をすべてご記入いただいた読者の方に、毎月抽選で
5名の方に図書券500円分をプレゼントいたします。

お買い上げいただいた書籍のタイトル

本書のご感想及び、今後お読みになりたいテーマがありましたらお書きください。

本書をお買い上げになった動機（複数回答可）

1.新聞・雑誌広告（　　　　　　　　）　2.書評（　　　　　　　）

3.人に勧められて　4.ＳＮＳ　5.小社ＨＰ　6.小社ＤＭ

7.実物を書店で見て　8.テーマに興味　9.著者に興味

10.タイトルに興味　11.資料として

12.その他（　　　　　　　　　　　　　　　　　　）

ご記入いただいたご感想は「読者のご意見」として、新聞等の広告媒体や小社Twitter等に匿名でご紹介させていただく場合がございます。
※不可の場合のみ「いいえ」に○を付けてください。　　　　　いいえ

小社書籍のご注文について（本を新たにご注文される場合のみ）

●下記の電話やFAX、小社HPでご注文を承ります。なお、お近くの書店でも取り寄せることが可能です。

TEL：03-3221-1321　FAX：03-3262-5906
http://www.gendaishokan.co.jp/

ご協力ありがとうございました。
なお、ご記入いただいたデータは小社からのご案内やプレゼントをお送りする以外には絶対に使用いたしません。

現在大阪府内に、知的障害生徒の特別入学枠をつくっている「知的障がい生徒自立支援コース」（以下、「自立支援コース」）のある高校は一一校、高等支援学校職業科に籍を置きながら普通高校に通う「共生推進教室」のある高校は一〇校あります（二〇二〇年度現在）。入学定員は三〜四名なので、たとえば一般高校の平均入試倍率が一・一五倍に対して自立支援コースが三倍を超えるときもあるなど、障害者の間に受験競争が起こってしまう現実も生まれます。

現在では受験を拒否する学校こそありませんが、「ただし、入学試験に合格してください」との条件がつくことになります。そこで、中学校、受験する高校、教育委員会と相談し話し合いながら、受験生の障害に合わせてさまざまな受験上の配慮事項を考えることになります。別室受験や、問題用紙の拡大、問題用紙の中に回答欄を設ける、代読・代筆受験、時間の延長……などといった具合に。

しかし、点数でふるいにかけて合格・不合格を決める今の入試制度では、「点数を取ることができない」のが障害である知的障害者に対しては、受験上の合理的配慮がまったくなされていないと言わねばなりません。高校進学率が全国平均でも九八％を超える時代になりました。高校で学びたい、友だちといっしょに高校生活を過ごしたいと希望する人が、誰でも入学できる「高校全入制度」の実現が求められます。そのためには高校入学の基準が、「高校教育を履修し得る能力」という適格者主義の「排除の基準」ではなく、「高校で学びたい」という「希望の基準」に変えられなければならないのだと思います。

ユウタロウさんが受験する

今年もたくさんの障害のある生徒が高校受験に挑戦しました。私もかかわっている〝知的障害者を普通高校へ北河内連絡会〟に参加する人たちだけでも一七人が受験しました。支援学校ではなく、（普通高校に設けられた）「自立支援コース」や（高等支援学校職業科に籍を置きながら普通高校に通学する）「共生推進教室」も含めて、一般高校への受験です。

その中の一人にユウタロウさんがいます。人工呼吸器をつけて、全介助が必要なユウタロウさんですが、中学生から地域の学校に行きたいと願って、支援学校小学部を卒業して地域の公立中学校に進学しました。三年間の中学校生活を送る中で、友だちや職員、校長、教頭など、周りの人を巻き込んでさまざまなドラマを経験しながら、三年間の中学校生活を送りました。

そのユウタロウさんは、あたりまえのように、支援学校ではなくみんなといっしょに普通高校へ行きたいと希望しました。高校は「どうぞ受験してください」と言うものの、「（ただし）入学試験に合格してくださいよ」と言うのです。今のところまばたきをするしか表現の手段を持たないユウタロウさんは、点数を取ることができません。だから中学校と受験する高校と大阪府教育委員会に要望を上げて、話し合いながらユウタロウさんに必要な「受験上の配慮事項」をつくることになりました。

ユウタロウさんの場合は、中学校でテストを受けるときと同様に、ユウタロウさんに問題を読む人、ユウタロウさんの回答（まばたきをしたら「イエス」の意思表示です）を読み取る人、看護師の配置です。ところが教育委員会は、「他の受験生との公平性を保つ」ことを理由に、看護師は受験会場となる教室から離れた控室で待機、介助者（中学校の教員）は一人だけしか認めようとしません。

つまり介助に入った教員は一人で問題をユウタロウさんに読み、まばたきを読み取って、それを回答として代筆者（高校側の教員）に伝えなければなりません。しかもそれを三時間（後期試験では五時間で午後もあります）、正確さを求められる極度の緊張と責任も感じるはずです。また看護師のつき添いは生活介助で、離れていては緊急の対応もできません。再考してもらえるように学校や教育委員会に何度も要望しました。

その結果、受験するのと同じ部屋の中にパーテーション（衝立）を立てて、そこに看護師が待機することで、「別室に控えていると解釈する」ことになりました。しかし介助の教員は一人しか認められませんでした。

「受験上の配慮事項」は、障害者の権利条約や差別解消法にある社会的障壁を除くための「合理的配慮」の一つかもしれませんが、肢体や視覚、聴覚などの障害に対する配慮は行われても、「点数が取れない」知的障害に対する合理的配慮はまったくなされていないと言わざるをえません。多くの知的障害のある生徒たちやその保護者が、友だちといっしょに高校へ行きたいと願いながら合格できずに、希望していない支援学校に行かざるをえなかったり、最初から高校受験をあきらめてしまう現実が生まれることになってしまいます。

さて、前期の入学試験を終えた後、ユウタロウさんに「試験はどうだった？　かんたんだった？」と聞くと、まばたきを返して自信のほどを示してくれました。

合格発表の日、ユウタロウさんのお母さんからメールが届きました――

結果は残念ながら不合格でした。……ユウタロウは「ちょっと落ち込んだ」と言いつつ、見た目はいつも通りで、私も「さすがにやはり勉強せなあかんな。頑張ろうな」と声をかけました。……後期入学試験に生かして少しでもより良い条件で受験できるよう、もう一度（学校や教育委員会に）声をあげていけたらと思います。

前期試験の合格発表があった段階では、北河内連絡会に参加している人たちの中では、私学や専修学校の合格者はありましたが、府立高校では、「自立支援コース」に一人が合格しただけでした。

ユウタロウさんは「ちょっと落ち込んだ」と言いつつ、後期入学試験も一般受験に挑戦します。今度こそ、問題の代読と回答の読み取りの二人の介助者（教員）をつけられるように要望しました。ユウタロウさんだけではなく、多くの障害のある生徒たちが、まだまだあきらめずに後期試験に向けて「受験勉強？　受験の準備？」に取り組みました。

三月一六日は、後期入学試験。ユウタロウさんも前期入学試験に引き続いて二回目の挑戦をしました。今回は「受験上の配慮」として強く要望していた、介助員として二名の教員がつくことがようやく認められました。しかし、前半と後半で一名ずつが交代でつくという形です。つまりほかの受験生たちとは別室で、その部屋のパーテーションで隔てられたところに看護師が待機しながら、一人の中学校の教員が問題を読み、ユウタロウさんのまばたきする合図を読み取り、横にいる高校の教員に回答として伝える。三時間の試験の後もう一人の教員と交代する、となったわけです。「他の受験生との公平性を保つため」を理由に、かくもかたくなな態度を取る意味がいったいどこにあるのでしょうか。


さて、こんどはどうか？

後期入学試験の合格発表がありました。

結果の報告が次々と届きます。Sさんは定時制高校に合格、Yさんは高等支援学校が不合格で支援学校高等部に、Iさんは普通高校が不合格で、すでに合格していた専修学校に決めました……。ユウタロウさんは残念ながら今回も不合格でした。それでも負けじと、今度は定員割れしている高校の二次募集に、三回目の挑戦です。

二次募集とは、後期入学試験で合格者が募集定員に満たなかったために、合格発表の後再度不足分を募集して行う入学試験です。ちなみにユウタロウさんが受験した高校は、二次募集でも定員割れをしていました。

受験の様子をお母さんが迫真の筆致でメールにつづってくださいました。

先ほど二次募集の高校に受験しに行ってきました。

面接ってどんなものか？　ほとんど誰も知らなくて、中学を通じて聞いてもらうと、親は付いて行っても（普通は一人で行くと思いますが）別室で待ち、本人一人で一〇分位面接するらしいのです。

うちの子は車椅子だし、痰の吸引が常に必要なのに、一人で大丈夫⁉　しかも声を出してしゃべれないのにどうやって⁉　と思い、予め本人に聞いた文章で、自己紹介、中学校での様子、高校に行きたい理由などを書いたものと、中学での写真を持たせて、「しゃべれないので、これを見てください」と言い残して私は別室へ行きました。五分くらいで終わり、ほっとしました。

後で本人に聞くと、名前や「高校に入りたいですか？」など聞かれ、持っていったピーアールの書類を見てくれたそうです。

発表までは落ち着きませんが、やっと終わったーという感じです。まだ決まってないので実感は湧きませんが……。　面接が終わり、ほっと一息。

一人で面接を受けたユウタロウさんが、試験官の「あなたの名前は　アライ・ユウタロウですか？」の質問にまばたきを返し、さらに「高校に入りたいですか？」と聞かれて、前にもましてはっきりとまばたきする姿が想像されます。試験会場でユウタロウさんと高校の教師たちとの間で、きっとコミュニケーションが生まれていたに違いありません。

「受験番号があったー！　五〇〇一番が!!」ユウタロウさんが、見事合格しました。

合格発表の日のメール。

合格しましたー！　三度目の正直で!?　ようやく決まりました！

合格の余韻に浸っていたら、（高校の）先生たちに呼ばれ、「時間があれば話を聞かせてもらってもいいですか？」と。来たー！　もう先生たちは受け入れる体制を作ろうと動いてくれていて、話を早く聞いておこうと言ってきてくれました。障害の名前や、中学での授業の受け方や様子、用意するものがあるか？　等々細かく質問責めでした。

説明や書類をその場でひたすら書かされ、二時間。長かったー！　帰る間際に准校長が挨拶に来てくれ、「合格おめでとうございます。至らないこともあると思いますが、こちらも勉強させてもらいます」と言ってもらえ、優しそうな先生が多そうで少し嬉しくなりました。

また入ってみてからいろいろあると思いますが、優太郎のことをゼロから知ってもらい、環境の変化に順応して高校生活を楽しんでいけたらと思います。

はー、やっとほっとした～（^o^;）嬉しいー♪

受験番号があったー！　五〇〇一番が!!

合格発表後すぐに高校の先生たちが声をかけてくれたことが、どれほどお父さんやお母さん、何よりもユウタロウさんを励ましたことでしょう。いい高校に入れた、そんな充実感を持ってお られるのではないでしょうか。ユウタロウさんがどんな高校生活を過ごすことになるのか、面白そうで、楽しみです。

高校めっちゃオモロイねん！

経験的に言えば、普通高校に入学した障害者のほとんどが異口同音に口にすることがあります。「高校生活は面白い」と。しかもその言い方が半端ではないのです。車いすを揺らせて、お尻が飛び上がらんほどに腰を浮かせながら声を絞り出したり、言葉にならない気持ちを全身をねじらせのたうつ動きで表したり、大きな目を輝かせて、唯一動くまぶたを大きくバッチンバッチンと閉じることで意思を伝えたりと、それぞれができる表現方法を最大限駆使して、「高校めっちゃオモロイねん！」と言うのです。

元小学校教員の身としては、こちらとて決していい加減にやってきたつもりはなく、みんなで楽しく取り組める授業や行事をああしたらどうか、こうしたらなどと話し合い工夫しながら、それなりに一生懸命に取り組んできたつもりではあるので、もうちょっと「小学校中学校も楽しかったけど」とかなんとか、つけ加えてくれてもいいじゃないか、なんてちょっぴり嫉妬心まで湧いてきそうになるくらいです。

ではなぜ高校生活はそれほど楽しいのでしょうか。

脳性マヒのある現在公立高校三年生のレンさんは、青春真っ盛りです。朝はお母さんが車で学校へ送ることからはじまるのですが、学校が近づくと「オカンを見られるのがうっとうしいから降ろしてくれ」と言うようになりました。以後、一筋手前で車から降りて、通りかかった友だちが車いすを押しながらいっしょに校門をくぐります。

友だちが校舎内の移動を手伝ったり、授業の準備やノートテイクをしてくれたり、昼休みには弁当の介助をしてくれたりと、校内ではいつも友だちといっしょです。早弁《ハヤベン》まで介助してくれる友だちもいるそうです。

文化祭の打ち上げや、友だちのライブを見た帰りに、にぎやかに河原で集まっていると二回パトカーが来て、一回は逃げられたけど二回目は補導されたこともありました。その時、友だちが「レンのお母さんが迎えに来るから、レンだけは見逃してやってくれ」と警察に言ってくれた……等々、高校生活の武勇伝は尽きません。

一五歳という年齢になって、これまで四六時中隣についていた親や教員、介助員の大人から、少しずつ離れていく距離感を実感するのかもしれません。すぐ横に大人が張りついている相手に

「恋話《コイバナ》」を打ち明けたり、人生の苦悩を相談する若者なんてあるわけないですものね。社会や暮らしや自立というものを、少しずつ感じはじめているのかもしれません。

生徒だけではありません、「高校に入ったらホンマ楽になったわ」と、笑顔をこぼして語る保護者にもたくさん出会います。最初は勉強についていけるやろか、いじめにあうのではないか、進級できるのかなどと、不安ばかりをよぎらせていた保護者が、思わず安堵とうれしさがあふれ出す表情で語ります。

ユウタロウさんのお母さんは、「あの中学校の時の悩みはいったいなんだったのか」と、ため息まじりに言いました。親のつき添いを求められたり、教室で痰《たん》の吸引が許されなかったり、修学旅行をリフトつきバスでみんなといっしょに行きたいという願いが最後までかなえられなかったり……と、一つひとつの問題を学校と話し合い、時には教育委員会も入って激しい言葉でやり取りした経験が思い出されてきます。

それが高校に入ると、どれもあたりまえのこととして実現している現実を前に、「夢を見ているようだ」と表現されました。

高校には支援学級がありません。もちろん支援学級担任もいません。特別な施設・設備もなく、専門家もいません。むしろ、だからうまくいっているようにすら聞こえてくるのはなぜなのでしょうか。

「専門性」という落とし穴

「友だちといっしょに高校生活を送りたい」と希望して、見事に合格を果たしたユウタロウさんですが、一方受け入れ側の高校の先生たちは、どんなことを思ったのでしょうか。

今まで障害者を受け入れたことがないので、どうしてよいのか分からない。ましてやこんな重度な生徒にどう対応すればよいのかと、不安でいっぱいだったのかもしれません。「だったら受け入れるべきではない」という意見も聞こえてきそうな気がします。そう言ってしまう前に、もう少し続きを読んでいただけるでしょうか。

高校の教員はどうしたと思います？　ユウタロウさんのことが一番分かっているのは親なんだからと、お母さんに聞いたのです。「ユウタロウさんのことを教えてください」と。お母さんは、合格発表のあったその日に、初めて顔を合わせる高校の先生たちから聞かれたので、驚いてしまいました。そして「これからも相談に乗ってください」と言われたときには、飛び上がらんばかりに喜びました。

不思議でしょ！「分からないから教えてください」と、あたりまえのことを聞かれただけなのに？　さらに「先生の方からこんなことを聞かれたのは、初めてだ」と言うのですから、またまたびっくりしてしまいませんか？

中学校で学校側との意志疎通がうまくとれなくて悩んだりしたとき、「先生たちと話していると、ユウタロウの障害について質問されたり、話題になったりするけれど、一人の子ども・人間としてユウタロウのことを話し合っているような気がしない」、お母さんはよくそんなことを言っていたのを覚えています。

学校というところは往々にして、障害のある子どもと一人の人としてかかわる以前に、障害の特性を見ようとしてしまうのかもしれません。医師や大学の専門家や支援学校のアドバイザーに、「障害のこと」について相談し、専門的知識と対処方法を教えてもらう。その知識を通して本人を見つめかかわり、また親と話をする。

「ユウタロウさんのために」と言いながら、かえって「ユウタロウさんを見失ってしまう」ことになっている、お母さんはそんなことを感じていたのかもしれません。

特別支援教育の実績と蓄積のある学校や教師ほど、専門的知識や方法というフィルターを通して子どもを見てしまったり、保護者とかかわってしまったりする傾向があるといえば乱暴な言い方になるでしょうか。

障害児に対してだけではありません。教師と子どもが直接に向かい合ってかかわり合うことが希薄になって、専門的な知識や方法を通して、いわば間接的にかかわることがあたりまえになってきたのではないかと、私には思われてなりません。「専門性」という特効薬のつもりが、実はそれ自身が大きな病弊となって現在の教育・学校を覆っているように思えるのです。

ユウタロウさんのいる高校では、教員がざっくばらんに保護者に話し、質問したり、相談したりしながら、授業の方法や、移動の方法、休み時間の過ごし方、クラブへのかかわり方などを、工夫して取り組んでいます。情報は教職員全員に知らせ共有しているように見えます。

教員たちのかかわる姿を自然に目にする生徒たちは、ユウタロウさんに声をかけ、介助をしたり、いっしょに授業を受けたり、休憩時間を過ごしたり、クラブ活動をしたりと、いっしょにいることがあたりまえの学校生活を過ごしています。支援学級も、特別な施設・設備もないけれど、教員や生徒たちのふつうのかかわりの中で、まさにインクルーシブな学校が出現しています。

まだまだインクルーシブではない高校の現実

高校に入学した障害者のほとんどが（経験的には、全員が）「高校生活は面白い」と異口同音に口にするということを書きましたが、もう一つ障害者や保護者が高校生活で共通して体験することがあると、私は感じています。それは、評価や成績、進級や卒業に関して、学校との間でさまざまな問題が持ち上がるということです。

大阪では点数が取れなくても「定員内不合格は出さない」との約束で、たくさんの知的障害者が高校に入学していますが、「定員に満たないから入れてあげる」というのと、「障害があってもみんなといっしょに学ぶ」というのは全然違うと、私は思います。

工科高校（一般教科だけではなく、工業に関する専門科目も学ぶことになっている高校）に在籍する二年生のカンさんのお母さんから、高校との「成績についての話し合い」に同席してほしいと声をかけられました。

知的障害のあるカンさんは、高校生になって何人もの友だちとつき合ったり、先生たちと気軽に会話したり、中学の時には見せなかった積極性を発揮するようになりました。何より本人が「高校は楽しいと言っている」と聞いていたので、お母さんの言葉が意外に聞こえました。

結論から言えば、私のような者でも横についていてよかった、そう思わせられる懇談となりました。

教頭、支援コーディネーター、学年主任、担任の四人が母親の前に座り、おもむろに一学期の成績表を手渡して「やっぱりなかなか点数が取れない」と切り出しました。点数の悪い教科の補習テストをしているが、それでも単位が取れそうにない。テスト問題を事前に渡したり、分かりやすい問題をつくったりと、支援の仕方をいろいろ工夫しているが、点数は上がらない。どうすればよいのか学校としても悩んでいる……。

お母さんに向かって、四人の教師が口々に学校側の困惑を、正直に語ります。

お母さんは、なんとか宿題プリントや、テストの予習問題を横について教えようと必死にやってきたが、もう高校の勉強は分からないことだらけで、特に「専門教科」の問題は教えようにも自分自身がちんぷんかんぷんで何も分からない。カンさんも、家で不満を噴出させて、物をこわすこともあるなど、実情を訴えます。

そんな中、「カンくんが成績のことで苦しんでいる姿を見ていると、なぜこの高校に来たのか、ここで過ごすことがカンくんのためにいいことなのか分からなくなる。今日はそのことも聞きたい」という話が出てきました。

「カンくんのために」と言うのです。「カンくんのために、転学や退学も考えてみては」と、暗に示唆するのです。その意図がお母さんに伝わらないわけがありません。

お母さんはきっぱりと答えました。「ここで学べることを学んで卒業してほしい。カンは学校が好きだし、友だちが好きです。みんなといっしょに高校生活を送ることを一番望んでいる」と。

「先生たちはカンを高校側の基準に合わせることばかり言っているが、高校の基準をカンに合わせて変えることは考えられないのか」と、さらに語気を強めました。学校は基準点にしている四〇点を取るための補習やテストや宿題など支援の仕方をいろいろ工夫して、それを「合理的配慮」と言うけれど、それは「カンを学校の基準に合わせるための支援・方法」ばかりを考えている。それは、点数を取れない知的障害のあるカンさんに対する「合理的配慮」にはならない。どれだけやっても解決しないと言うのです。

「今までに障害のある生徒はいなかったのか」と聞いてみました。「きっといただろうけれど、特別なことはしなかった」と言います。親がつきっきりで膨大な時間をかけて教えたり、課題をこなして提出したり、並大抵でない努力を重ねて見事卒業したのかもしれません。しかし途中であきらめて転学や退学していった人たちもあるのではないでしょうか。教員たちが知らない、関知しないところで、苦悩に顔をゆがめたり、悔しさに唇をかみながら、学びの場を去っていった生徒たちの姿を想像してしまいます。

教育委員会も間に入って、評価の仕方や授業の進め方、各教科の履修や進級について検討を進め、学校側も職員会議を通しながら、少しずつ「高校側の基準」を変える話も出るようになってきました。

「その頃から、カンにだけの特別な課題が出るようになった」と、お母さんは振り返ります。一般教科や専門教科でも、教科書やプリントを写して提出するのが中心で、お母さんが手伝うこともなく、一人で取り組んでいたということです。

テストの点数は相変わらず取れなかったのですが、出席と授業時間の板書を写すノートと、この課題提出をトータルに評価してゆこうということになったようで（高校は「総合的に判断して」と言うのかもしれませんが）、カンさんは三年生に進級し、見事友だちといっしょに卒業することができました。一六人の三年生のクラスに、二人の留年生が入ったのですが、「一六人全員が卒業していけたのは、ひょっとしたらカンがひらいた道だったのかもしれません」と、お母さんはやさしく笑顔をつくりました。

高校が意図的に障害者を排除しようとしているのではもちろんありません。分からないのです、きっと。障害のある生徒とない生徒が「共に学び合う」授業や学校生活の経験がないから、いったいどう考えればいいのか、何をすればいいのか、分からないのだと思います。

カンさんが高校に入学することで、授業や行事や休み時間など学校の日常をみんなといっしょに過ごすことで、カンさんや友だちや教員がいろいろな経験をして、少しずつ少しずつ学校が変わりはじめました。カンさんのためだけではありません。カンさんが分かりやすい授業はどの生徒にとっても理解しやすい授業です。カンさんが過ごしやすい学校は、どの生徒にとっても過ごしやすい学校に違いありません。教員にとっても、日常の教育活動を改めて見つめ直し、「教育ってなんだろう?」と根本的な問いと向き合えるチャンスを、与えられているのではないでしょうか。

「適格者主義」というアナクロニズムが、子どもたちの未来を奪ってしまう

「適格者主義」という言葉を聞いたことがありますか?

いわば業界用語のようなもの。にもかかわらず、教員の誰もが知っているかといえばそうでもない。そのくせ(ちょっと言葉が乱暴になりました。感情が入ってしまったようで。その理由は最後まで読んでいただければ察していただけるのではないかと)、きっちりとその内実は実践している。

いわば後期中等教育（これ、高校教育のことです）の土台に、かたくななまでにしっかりと根を張っています。

ことのはじめは、高校進学率が約六七％であった一九六三年（昭和三八年）の「公立高等学校入学者選抜要項」で、「高等学校の教育課程を履修できる見込みのない者をも入学させることは適当ではない」とした「初等中等教育局長通知」にあるようです。そこで文部省は「高等学校の入学者の選抜は、……高等学校教育を受けるに足る資質と能力を判定して行なうものとする」との考え方を採り、全国の教育委員会に通達しました。

半世紀以上前の、高度経済成長まっしぐらの時代です。それから五五年以上が経過して高校進学率が九八％を超える現在においてもなお、この「適格者主義」は機能し続けています、まったく揺るぎなく。

そもそも高校入学試験は、「適格性」を判定するために行います。入学後も進級や卒業の「適格性」を判定するために中間・期末試験は欠かせません。では、何をもって「適格性」を判定するのかといえば、テストの点数です。それ以外の判定基準を残念ながら高校側は持っていません。生徒の公平性を担保できるし、可能な限り「情」が入り込まない客観性を保つ合理的なシステムだと「思い込んでいる」からです。

たとえば四〇点未満を「欠点」と呼び、それ以下だと留年、ないしは「仮進級」となる校内ルールをつくる学校は一般的です。放課後補習をしたり、教師が生徒の家を訪問して教えたり、生徒を集めた教育合宿をしたり、生徒どうしの教え合いが生まれたり……と、さまざまな取り組みが行われ、それが人間ドラマ・青春ドラマを生んで、感動をもたらすこともありますが、よーく目を凝らして見つめてみれば、「四〇点未満は欠点」というその仕組みそのものを変えようとする問題提起はまったく生まれてきませんでした。

障害者の高校受験に視点を移せば、別室受験や時間延長や代筆……などの「受験上の配慮事項」は提供されるようになってきましたが、結局「合格点を取ること」というルールそのものの変更はなされません。大阪では、「定員内不合格は出さない」ということで、受験者数が入学定員に満たないときは点数に関係なく合格にすることになっていますが、これも「制度」ではなく、障害当事者や支援者が長い年月をかけて取り組んできた運動によって認めさせた「府との約束」でしかありません。

他府県では、たとえば二〇人の定員割れに対して六人が受験した二次試験で、障害生徒一人だけが不合格とされたり、五年も六年も高校受験に挑戦し続ける障害者があります。五五年前の「高等学校教育を受けるに足る資質と能力を判定して行なうものとする」との「通知」を「錦の御旗」のごとくに掲げる校長と、それがあたりまえとして疑うことのない教員たちによって、「適格者主義」は延々と受け継がれてきているのです。

しかし、一九九九年（平成一一年）の中央教育審議会はその答申で、「進学率が約九四％に達した昭和五九年の『公立高等学校の入学者選抜について』（初等中等教育局長通知）においては、……一律に高等学校教育を受けるに足る能力・適性を有することを前提とする考え方を採らないことを明らかにして」と書き、さらに「平成一一年度からは、高等学校の入学者選抜について、生徒の多様な能力、適性等を多面的に評価するとともに、一層各学校の特色を生かした選抜を行い得るよう、調査書及び学力検査の成績のいずれをも用いず、他の方法によって選抜を行うことを可能とする制度改正を行い、選抜方法についての設置者及び各学校の裁量の拡大を図ったところである」（初等中等教育と高等教育との接続の改善について）としています。

各都道府県教育委員会や各学校に裁量権をゆだねたはずなのに、それでも半世紀前と変わらないのが日本の後期中等教育（高校教育）の現実です。

考えてみてください、「適格者主義」のもと、「みんなといっしょに高校へ行きたい」と願う障害者が門前で拒否されたり、何年も受験浪人を強いられたり、受験できないものと高校生活をはなからあきらめてしまったりしています。障害者に限らず、入学後一年で一クラス分の生徒が転学や退学してしまい、卒業時にはさらに人数が減ってしまったりする学校があるという現実が、紛れもない日本の高校教育の実態です。それをあたりまえと思っている教員が、ひょっとしたら一般的と言えるのかもしれません。

もっとも多感で、知的好奇心にあふれ、社会との直接的な関係をつくりはじめる高校生たちの学ぶ場が、これでよいのでしょうか。

市場原理の教育とインクルーシブ教育

二〇〇八年に橋下徹大阪府知事が登場して以来、大阪の教育は常に「改革」「変革」という名の旗印を掲げた圧力にさらされ、教育行政も学校現場も混乱が続いてきました。戦後民主主義教育運動とつながって、大阪で取り組まれ発展してきた同和教育も、在日外国人教育、障害児教育、反戦・平和教育、男女共生教育など、差別に反対し人権尊重をめざした教育の取り組みも変更を求められ、一方の文科省の指導要領に沿った教育も生ぬるいとばかりに批判されるといった具合です。教育の世界に市場原理とそれをけん引する仕組みとしての自由競争を導入しようとするものであったと、私は考えています。

特に、二〇一二年に大阪府教育基本条例・府立学校条例が制定されてからは、教育制度の変更を伴ってめまぐるしく変わってきました。高校入学制度にかかわるものだけを見ても、猫の目のように毎年変わるのですからびっくりしてしまいます。

▼特色ある学校づくりの方針の下、文理学科を置く一〇校が選定され、トップ一〇の学校がつくられました。同時に「小学校からの勉強の学び直し」も教育課程に入れるエンパワメントスクールがつくられました。現在八校ですが、近い将来的に文理学科と同じ一〇校に増やす予定です。

▼トップ一〇の文理学科と、ボトム一〇のエンパワメントスクールの間に、クリエイティブスク

ールとか、芸術文化科、グローバルビジネス科……など、さまざまな名称をつけた学校が並び、偏差値によって序列化されます。

▼受験できる高校を選ぶ学区制についても、長年続いてきた九学区制が四学区制になり、二〇一四年には学区制が撤廃されて、府内のどこからでも希望する高校を受験できるようになりました。

▼つまり、府内の公立高校を一番から「ビリ」までランクづけすることが可能になりました。

▼さらに「府立学校条例」で、三年連続定員割れが続けば、廃校など再編整備の対象になることが決められて、学校間の競争があおられます。

▼二〇一一年には、私立高校の授業料無償化によって、一挙に私学受験が増えました。家庭の教育費の負担軽減にもなりますが、一方でこれまで過度な受験競争を抑えるために、公立と私立の募集定員を「七対三」に調整したり、生徒一人ひとりの顔を思い浮かべてその人に適った高校を探す地道な取り組みを重ねてきた、中学校のきめ細かな進路指導・進路保障は実質的に不可能になってしまいました。

▼二〇一六年度入試からは、内申書が絶対評価となり、それに伴い各中学校で内申点の評価をつけるために府内の客観的な基準が必要との理由で、中学生全員の統一テスト（チャレンジテスト）が実施されています。

さてこれら一連の「改革」「変革」はいったい何をもたらすでしょうか。

大阪の公立・私立を問わず、すべての高校を一番から「ビリ」までランクづけすることが可能となりました。実際に府民の間や、子どもたちの中でも、学校のランクづけは既成のこととしてすでに行われています。

今や受験生が自分で、高校の雰囲気や行事や授業内容をリサーチして受験校を選ぶなんてことは、もうほとんどないでしょう。ランクづけされた高校の偏差値と、受験生の成績をマッチングさせて、「合格可能性のある学校」を選ぶ、それが中学校や塾の進路指導になっています。どの高校にどれだけ合格したかによって中学校のランクづけが生まれ、さらに小学校や塾のランクづけにまで広がっていくのではないでしょうか。小中学校の学校選択制と絡めば、学校や教師の評価に拍車がかかっていくであろうことは間違いありません。

ちょっと考えてみてください、今大阪府は、パソコンのキーを人差し指でポンとタッチするだけで、府内の公立・私立を問わず、すべての高校を序列化した一覧表を瞬時に出すことが（ほとんど）できるようになっています。

同時に、府内在住の中学生・高校生を序列化して一覧に並べることも、（ほぼ）できるはずです。そのデータは大阪府だけではなく、テスト業務を請け負う民間企業にも蓄積しているのですが。まさか生徒の氏名を一番からビリまで並べることはしないだろうとは思いますが、しかしそれを求める声はきっとあるに違いない、私はそう思っています。

「自由競争にゆだねればよい結果が生まれる」という幻想に基づくマーケットの原理が、大阪の教育に確実に侵食し、さらに広がろうとしています。

学校教育は「人材」確保の装置なのか？

市場原理に基づく教育改革を進めようとする人たちは、いったい何をめざし何を求めているのでしょうか。それは「人材」の確保です。よく耳にするキャッチフレーズを使えば「世界を相手に活躍できるグローバル人材」をつくることです。

私は「人材」という言葉が好きになれません。「人間は製品ではない。材料ではない」と即座に感覚的な反発が起こります。「人材」とは「人を材料とみなす」ことだと言えば、きっと誰もが「そんな見方をしていない、反対だ」と言うに決まっています。そもそも教育は「人材」をつくるための仕事なのか、そうではなくて人を育てるための営みではないのかと問い返せば、まだまだ納得してもらえる人は多いのではないでしょうか。

「人材確保」とは、政界や財界や官僚、その他目的を持って集まる団体、組織が、それぞれの目的を達成するために必要な「材料となる人」を求めて探すことだと言えばよいでしょうか。

序列化しランクづけされた学校が並んでいれば、いやいやひょっとして一番、二番、三番……と氏名が並んだ一覧表があれば、それは企業や組織にとって必要な人材を効率よく選ぶことができる仕組みと言うことができるでしょう。効率のよい「人材確保」の仕組みを提供することが学校教育に求められ、さらに今後それが学校教育の務めにされていこうとしています。

ここで一つの疑問を投げかけてみます。この序列化し、ランクづけされた高校の中で、障害者はいったいどこに位置づけられるのか、と。特に点数を取ることができないのが障害である知的障害者はどうなるのでしょうか。

大阪では特別入学枠を設けている「自立支援コース」か、「定員割れ」の二次募集の高校を探すことしかできません。しかし前者はたかだか府内で一一校・それぞれ三・四名の定員しかなく、後者は「三年連続定員割れなら廃校など再編整備の対象」という方針の下で、行ける高校はますます少なくなっています。

そもそも「人材育成・人材確保」のシステムである高校の制度設計には、障害者が位置づく場所はつくられていません。障害者がいては困るのです。障害者は「人材」とすら考えられていないのです。必然的に障害者は「別の」「特別な」システムに分けられて、特別支援学校に誘導されることになります。近年とみに支援学校の入学者が増え続けている理由が、ここにもあります。マーケットの論理が誘導しているのです。それは市場主義的な教育観の危うさを疑わないで受け入れる流れが社会の中に浸透してきたことの現れでもあると思います。

「特別」なシステムに分けられていく流れは、支援学校高等部とは別に、各地で高等支援学校が設立されることによって、さらに加速しています。

高等支援学校の入学試験では、面接のほかに「学力適性検査」が行われ、倍率が生じて、その結果障害者の中に受験競争を生み出し、障害のある生徒の間にも序列化をもたらすことになります。

障害者雇用促進法で雇用を義務づけられている企業の側からすれば、「特別な」システムで分けられている障害者の在籍する学校制度の中に、学校のランクづけと、障害者の序列化が施されることは、「より使いやすい障害者」を雇用するための効率のよい仕組みと言えるでしょう。

高等支援学校の設立は、そのためにつくられたのではないかと思われるほど、見事に企業側の要望と、教育の世界に市場原理を導入する流れとに重なっているように思えます。

インクルーシブ教育なの？　それとも特別支援教育なの？

次のページの図は、一木玲子さんがアメリカと日本のインクルーシブ教育を比較検討する話の中で使用されたのですが、障害者の教育の変遷を見るのにとても分かりやすいので使わせていただきます。

〈図1〉①は、障害者が公教育から排除されていた時代です。就学免除・就学猶予が教育措置として法律で認められていました。障害者を「座敷牢で隠した」という話も聞かれました。

障害者の教育の変遷

〈図 1〉障害者の教育の変遷

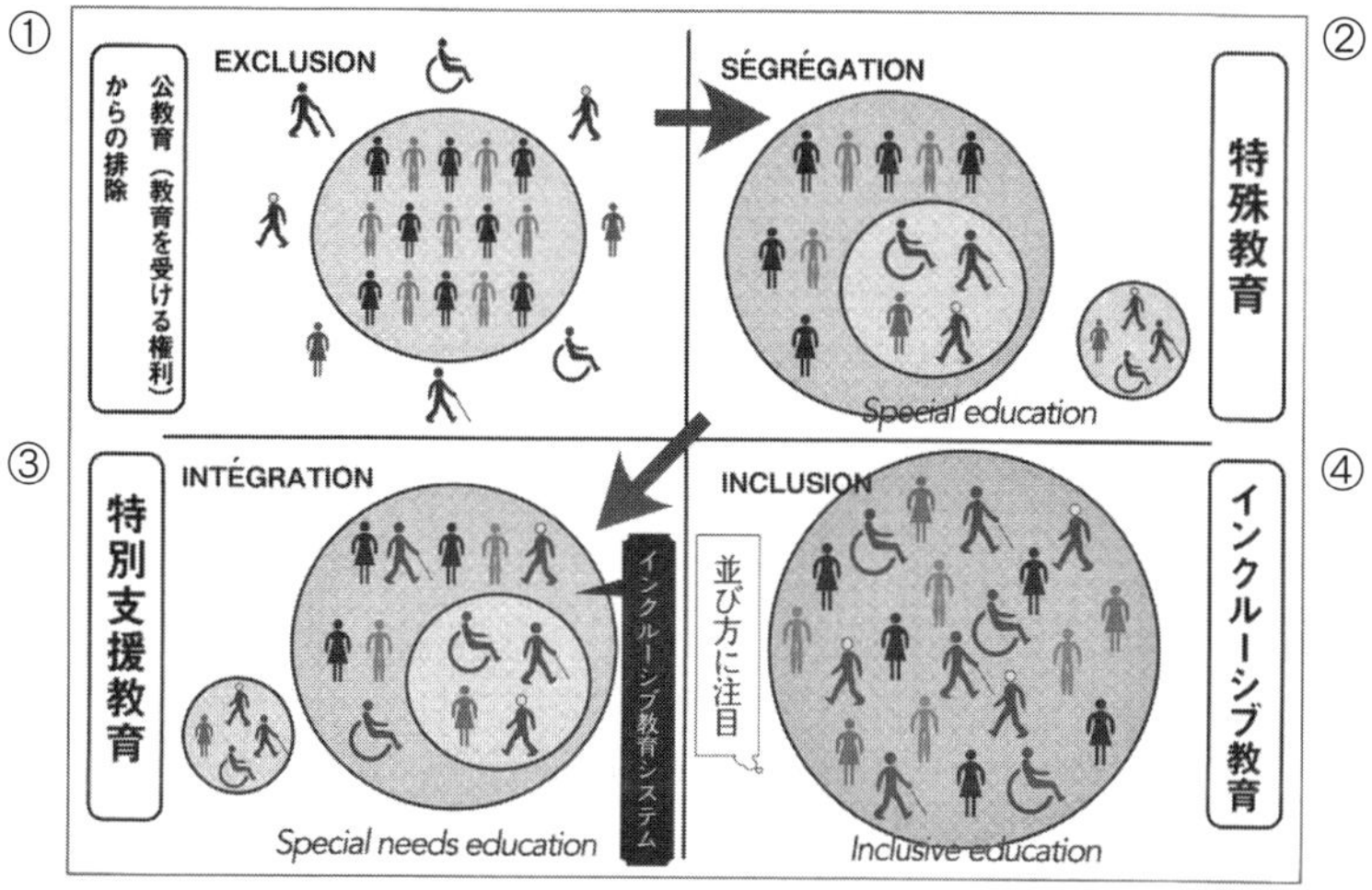

出典：LES AVIS DU CONSEIL ÉCONOMIQUE, SOCIAL ET ENVIRONNEMENTAL Mieux accompagner et inclure les personnes en situation de handicap : un défi, une nécessité（2014, p.24）を一木玲子さん（大阪経済法科大学客員研究員）が改変・加筆作成。

〈図 2〉上記のものを筆者が改変作成

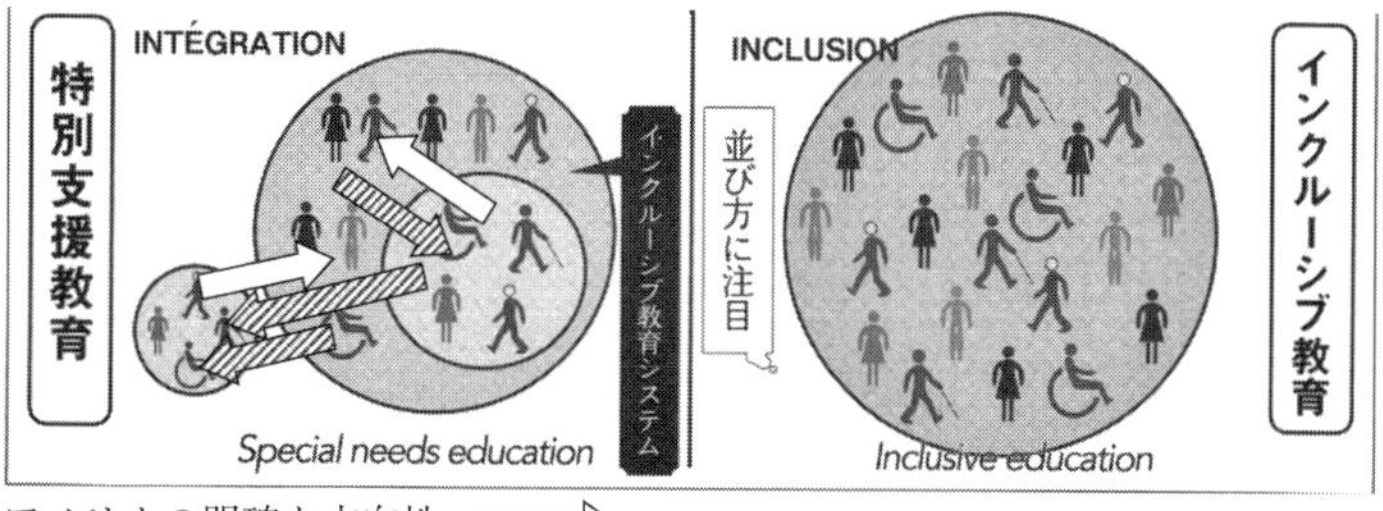

アメリカの明確な方向性 ⇨

日本の現状、傾向 ⇨

②は「特殊教育」と呼ばれた時代で、二〇〇七年に特別支援教育が実施されるまで続くことになります。一九七九年の養護学校義務化に伴って、就学免除・猶予が原則廃止されて、すべての障害児が教育の対象であることが法的に明記されましたが、一方で教育の中に障害児と健常児の分離が進められることになりました。

全国の学校では、学校教育法施行令二二条の三の別表にある「障害の区分と程度」に合わせて、在籍する児童の中から障害児が選ばれて、養護学校や養護学級に送られるという事態が一斉に起こりました。教室の中で、「別表」を片手に、それまでいっしょに学んできた子どもたちを選別してほかの養護学校や養護学級に入れなければならなかった教師たちの思いはどれほど悔しいものであったでしょうか。その悔恨と差別への怒りが爆発するように、「養護学校義務化反対」の声が全国に広がりました。

③は、二〇〇七年四月から実施された特別支援教育で、④がインクルーシブ教育です。

障害者基本法、障害者差別解消法が成立し国連障害者権利条約を批准しているにもかかわらず、誰が見ても現在の日本の教育は、④のインクルーシブ教育ではなく、③の特別支援教育であることは明白です。文部科学省や大阪府教育委員会の文書を読んだり、話を聞いていると、次のような考え方が見えてきます。▼インクルーシブ教育と特別支援教育は違う。▼インクルーシブ教育はすべての子どもを対象にする教育で、特別支援教育は障害児を対象にする教育である。▼二つの教育（制度）は共存しているし、共存してよい。▼ダブルスタンダードではなく、相反しない。

▼なぜなら、インクルーシブ教育を理想として、目標に取り組むが、途中で障害児が困ったら、特別支援教育の手を差し伸べる必要がある。それが子どものため、子どもを守ることである。だから文科省は、これを称して「インクルーシブ教育システム」だと言うのです。私にはあちらにもこちらにもいい顔を見せる、ずいぶんずるいカラクリだとしか思えません。

〈図2〉の矢印を見てください。一木さんは、アメリカの現実も③の状況だと言われます。支援学校に当たるsmall schoolや、支援学級に相当するsmall classがあるのだそうです。しかし、流れとしては明確にsmall school、small classからみんなといっしょに通常の教室で学ぶ方向になっていると言われます。しかし日本の現実はその流れとは逆行していて、ますます支援学校への入学が増え、支援学級の在籍者が増えています。いったいなぜなのでしょうか?

なぜ日本ではインクルーシブ教育が進まないのか?

①何度も去来する疑問

障害者の教育について話題になるとき、いつも頭に去来する単純な疑問があります。

障害者基本法が改正され、障害者差別解消法が成立・実施され、障害者権利条約が批准されたというのに、特別支援学校や支援学級の在籍数は減少するどころか、障害者権利条約批准以前よりも増えて、今後さらに増加することが予想されています。二〇一六年に日本の人口が減少に転じたと言われ、当然全国の児童・生徒数が減少していることを勘案すれば、異様な伸び率と言わねばなりません。

これはどう考えてもおかしい。法律に「共生社会の実現を目指す」と、目標を高らかに掲げているにもかかわらず、学校ではさらに分離が進行してしまっている。なぜなのか。

その一つの理由は、明治の学制発布以来延々と引き継がれてきた「日本の頑迷なる能力神話」にあると私は考えています。

忘れもしない光景があります。二〇〇二年四月六日の土曜日、学校週五日制が導入されて初の土曜日に、テレビでは学校が休みになった子どもたちが塾に行って勉強する姿を放映したり、補習授業と称して教室で授業を進める公立中学校を紹介していました。

マスコミがネーミングした「ゆとり教育」なる言葉が学力低下論と一対になって広がり、子どもたちが学校でゆとりを持って学び、生活することが、なんだか「よくない」「うしろめたい」ことと感じるほどの世論が醸成されてしまいました。

「子どもの側に立って教育を考え直そう」という熱が、「できる・できない」の能力主義の価値観によって、大きな口を開けてひとのみにされてしまった象徴的な出来事として、私の脳裏から離れません（「日本の頑迷なる能力神話」については、ほかの章でも述べていますので読んでいただければと思います）。

②マーケットの原理が教育の世界を侵食する

もう一つの理由は、マーケットの原理が教育の世界を侵食しているということです。自由競争にまかせておけば、何事もうまくゆくという徹底した能力主義、評価主義、成果主義が教育の場に広がっています。

子どもが育つには時間がかかる。学校は工場ではない。ましてや子どもは工場でつくる製品ではないし、商品でもない。こう言えばおそらく誰も反対する人はいないでしょう。しかしそのように首を縦に振って理解を示したはずのほとんどの人たちが、同時に、そうは言っても、やっぱり、教育の中で競争は必要だ、学力を知るためには点数が分かりやすい、早く効率よくできることは決して悪いことではない……といったことに賛成し、自らそれを求めて主張もします。

つまりマーケットの原理を受け入れる土壌がすでに存在し、さらに日々広がり続けていると言えるのではないでしょうか。グローバル化した自由主義経済、金融資本主義、消費社会の中に、私たちの生活がもうすでにどっぷりと浸かっているのです。教員も、保護者も、そして子どもたちも。

しかしインクルーシブの思想と、マーケットの原理とはもちろん違う思想です。どちらかがどちらかを倒さねばならないとまでは言いませんが、マーケットの原理、自由競争にまかせてしまってはいけない分野はあります。医療、福祉、教育はまさにそういう分野なのです。

不思議に思いませんか、「ではなぜ、世界でもっともグローバル経済や金融資本主義が極端に進行したアメリカで、日本よりもインクルーシブ教育が進むのだろうか」と。

それは新自由主義経済が蔓延する以前から、すでにアメリカではインクルーシブの思想が生まれていたからだと、私は考えています。一九五〇〜六〇年代の全米の黒人が立ち上がった公民権運動、引き続いて起こった七〇年代のベトナム反戦運動など、全米に広がった差別に反対して人権を守る民衆の運動を経験して、一九七五年に全障害児教育法（IDEA法）が生まれ、さらに一九九〇年に障害のあるアメリカ国民法（ADA法）がつくられました。その経過の中でインクルーシブの思想が生まれ、現在にも生きているのだと思います。

翻ってみれば、日本でも部落差別、障害者差別、民族差別、女性差別からの解放を求めて取り組まれた解放運動があり、教育の場でも障害児教育、在日外国人教育、男女共生教育、反戦平和教育が営々と取り組まれてきました。その日本の運動の経験がインクルーシブの思想を受け入れ、広げ、根づかせていくことができるのかどうか、いままさに歴史から問われ、そして評価を受けようとしているのだと思います。

③私たちは「優生思想」を空気のように吸い込み、水のように飲み込んでいた

「優生保護法に基づいて、障害者が強制不妊手術を受けさせられていた」という報道がありました。障害者を強制入院させ、不妊手術を施しても、誰も罪に問われないばかりか、国も地方行政も奨励していたという事実が一九九六年まで、ほんの二〇年前まで続いていたのです。自分の暮らしのすぐ隣で生起していたその現実に、ほとんどの日本人は想像力を働かせることなく日常生活を営んでいました。不妊手術を強制された障害者自身が告発し、それをメディアが報じたことによって、初めてその事実が公になりました。

私たちは「優生思想」を空気のように吸い込み、水のように飲み込んでいたのです。

二〇一六年、神奈川県相模原市の重度知的障害者一六〇人が入所する施設「津久井やまゆり園」で、入所者一九人が殺害され二六人が重軽傷を負わされる残忍な事件が起こりました。犯人の植松聖は、今も獄中で「障害者はいなくなればいい」と言っています。さらに、尊い命が奪われたにもかかわらず、本人や家族が「不利益」や差別を受ける心配があるからという理由で、警察でもテレビや新聞でも、被害者の氏名が公表されませんでした。ネットには犯人に同調する書き込みがあふれました。

日本は、現在もまだ障害者や家族が名前を公表したり、社会に出ていくことに不安を覚えて、躊躇してしまう現実があるのです。

あるいは出生前診断や尊厳死の法制化の問題も、その根底には昔も今も脈打ち続けている「優生思想」があると言えるのではないでしょうか。就学児検診で、障害児を支援学校、支援学級に振り分けていく「専門家」の行為も、支援学級や支援学校を勧める教員の行為も、その根底に「優生思想」がないと言えるでしょうか。

日本は世界でも群を抜いた精神科病院大国であると聞きます。先進国の平均入院期間が二八日に対して、日本では二七〇日。さらに五年以上の入院が約一〇万人を超え、三〇年、四〇年と人生の大半を精神科病院で過ごすことを余儀なくされる人たちも多くあります。中には精神障害ではなく、知的障害で長期の入院を強制される人たちもあります。経済発展をめざして生産を阻害しないよう社会防衛のために、国家が進めた「隔離収容政策」がその根底にあります。

一方で退院した精神障害者が地域で生きようとすれば、地元住民等による反対運動が起こる現実があります。

こうした障害者をめぐる日本の歴史と現在の状況を見てくると、一つの結論を導くことができます。障害のある児童生徒や保護者が支援学校や支援学級を「選ぶ」のではなく、支援学校や支援学級に「誘導」されているということです。

④障害者も、保護者も「誘導」されている

「なぜ支援学級、支援学校の在籍数が増え続けるのか」、大阪府教育委員会と話し合ったときに、「支援教育に対する理解が進み、抵抗がなくなってきたから」、あるいは「本人や保護者が選択しているので」という言い方を聞きました。「だから、仕方がない」と言わんばかりに。

しかし「選択」というのは、正しい情報を十分に手にして、悩んだり、相談したりしながら、本人や家族が話し合って決断していくことです。いったい情報は十分届けられているのでしょうか。

私たちのところには、まったく違った話が山のように伝わってきます。「小学校の校長と話したら『本来こんな子の来るところではない』と言われた」「教員と話していると『十分な施設・設備もないし、専門家もいない』と言われて、暗に拒否されているように感じた」「話しているだけで雰囲気が暗くなってしまった」「教育委員会で話しても、遠回しに支援学校を勧められているように聞こえた」「学校が信じられない。わが子を登校させるのが不安になってしまう」……など、枚挙にいとまがないくらいに、本人や保護者が不安になり、落胆し、あきらめざるをえない心の葛藤が伝わってきます。

本人や保護者の「理解が進ん」で、「選択している」のではない、特別支援学校や支援学級に「誘導されている」のだ、私はそう考えています。

⑤教育現場は、本質的に「共生」の場

こう考えてくると、障害者の教育の問題は日本の教育全体の問題であることが分かっていただけるのではないでしょうか。インクルーシブ教育は、障害児教育の新しい一つの方法ではなく、どの子どもにとっても必要な教育なのだと、私は考えています。

教育は必ずその時代、その時々の社会を反映します。法律や条例にしばられ、政治や経済の実態が影響し、具体的な場面では政府や地方自治体の方向性、さらには首長の考え方までが影響すると言っても過言ではありません。

そうなると制度改革、政治改革、政権選択などの大きな課題になってしまいますし、またそれを抜きに教育を変えることはできないと言えるのかもしれません。しかし教育活動の一番の原点に戻ってみれば、そこは子どもと子どもが「直接に」出会う場、子どもと教員が「直接に」出会う場、子どもと教員と保護者が「直接に」出会う場です。教育とは、本質的に人と人とが「直接に」かかわり合う営みであり、すなわち教育現場である学校は本質的に「共生」の場であると言うことができます。

教育、学校を取り巻く環境がどう変わろうとも、教育活動を実践するその現場は、いつも人と人とのかかわりからはじまります。だからこそ、出会いとはじまりの場をインクルーシブにしなければならないと思うのです。

インクルーシブ教育は「共にいる」ことからはじまります。「共に」いなければはじまりません。

さて、この章のはじめに示した障害者権利条約の全文を今読み返してみて、少しでも身近に感じてもらえればうれしいのですが。「障害者による人権及び基本的自由の完全な享有並びに完全な参加を促進することにより、その帰属意識が高められること並びに社会の人的、社会的及び経済的開発並びに貧困の撲滅に大きな前進がもたらされることを認め」と言う言葉。

「共に学び、共に生きる教育」の定義は、「学校とはこういうところだ」と誰もがあたりまえに思い込んでいた「学校文化」を変えることになります。授業の内容や形や進め方を変えます。学力というものの見方や、教育そのものの捉え方を変えてゆきます。「共に生きる社会」は、インクルーシブな教室からはじまると言っても過言ではありません。

しかし日本ではまだまだ理解が広がっているとは言えません。ともすれば反対する人たちの根強い反発に取り囲まれることも珍しくありません。

しかし私は現場の教職員の力を信じて、期待しています。

第七章　状況をつくり出す子どもたち

状況をつくり出す子どもたち

教師がよく使う言葉といえば「早くしなさい」とか「分かりましたか」でしょうか。あと「がんばれ」とかもよく言う。親といっしょなんです。

私は教師というのは子どもに対してできるだけしゃべらない方がいいと思っています。なぜなら、子どもたちは〝状況をつくり出す力〟を持っているというのを実感しているからです。「学校に泊まろう！」なんて奇想天外なことを言い出して、企画運営し、実現してしまった子どもたちもありました。これは六年生のクラス活動実行委員の子どもたちが、映画『学校の怪談』（平山秀章監督、一九九五年）みたいな体験を自分たちもしてみたいと思いついたことからはじまったんです。

私がやったことと言えば何も言わなかったこと。つまり反対しなかった。「やれ」とも言ってないです。でも小心者の私の頭には、親の顔やほかの教員の表情が浮かびます。「なんせここは学校やねんから……」と言われそうで。

それで身体障害のあるヒロミさんのことなど、周りの大人たちに了解してもらうための思いつく条件をいろいろ出したんですが、子どもたちはそれを次々と見事に工夫して乗り越えていくんですね。全員の親にアンケートを取って、反対をした親二人を説得し、校長交渉までも自分たちでやりました。

校長先生も実は乗り気で、でも子どもらにもっと考えさそうと思ったんでしょう、最後に「大人のつき添いをつけること」という条件をつけてきた。子どもたちは本当は親に来てほしくなかったけれど、考え直したんです。誰が肝試しのおばけ役をやるか。子どもたちはみんな怖がりたいんですからね。そうしたら親がおばけ役をやってくれるというので「それだけはいいよ」となった。

肝試しの後、子どもたちの部屋と大人の部屋に分かれてしゃべりました。「来たい方はどうぞ」と言ったら保護者もいっぱい来ました。手料理を持ってきてくれて、酒もくるし、校長、教頭も、同僚も来てくれて、みんなでいっしょに飲みました。ほんま、親も楽しんでましたよ。翌朝には親たちが豚汁をつくりに来てくれてね。もちろん来られなかった人もいたけれど、子どもは全員参加していましたから、どの家でもにぎやかな団らんの話題になったことでしょう。

「近頃の子は」とか「近頃の親は」と言われるように、親も子どもも時代に取り囲まれて生きているけれど、「学校に泊まろう」は時代や常識の壁を破って、自分たちの状況をつくり出したと言えるのかもしれません。その快感や達成感を子どもも親も共有したのではないでしょうか。「ホンマにやってしまう」子どもたちの行動力に、私は快哉を叫んだものでした。

自分と向き合う深いまなざし

「心の中を虫めがねでのぞいてみたら／わがままな心がいっぱいだった／いまのぞいてみると少しになって／のぞいてみた時うれしかった」

五年生の二学期の詩の授業で、アキエさんはほとんど毎日、不登校をした三〜四年生の頃の自分のことを書き続けました。その時の自分と対話するかのようにも、あるいは自分と向き合える今を楽しむかのようにも見えました。

私は四年生からアキエさんを担任したのですが、当初は急に泣き崩れてうずくまったり、教室を飛び出そうとすることはありましたが、「登校しない」ことはありませんでした。「花の水やりを忘れたから帰る」と言ったときはクラス全員がいっしょに水やりに行きました。

六月のある朝、お母さんからの電話を受けて行ってみると、人影のない道端に小さな影をひいて一人うずくまるアキエさんの姿がありました。その日から私が集団登校の場所に迎えにいき話しかけて、いっしょに登校する日が続きました。笑顔も見せて歩くのですが、いざ教室の前まで来ると入口の敷居の上に右足を上げたまま立ち止まり、友だちが声をかけても、手を引っ張っても、体はカチコチに固まったようにピクリとも動きません。そして階段の踊り場の隅で膝頭を抱えて座り込んでしまいます。

そこがアキエさんの「学習の場」になりました。私は教室で授業を進めますが、子どもたちは入れ代わり立ち代わり出ていって、「今こんなこと勉強してるんやで」などと教科書や資料を説明します。四時限目が終わる頃にはみんなに囲まれてニコニコ顔で教室に戻り、給食を食べ、掃除をして、五時限目の授業に参加します。

踊り場の直角に交わる二面の壁を背に、前にはランドセル、絵具箱、図鑑などいろいろなものをバリケードのように並べて、その囲い込まれた空間の中で背中を丸め膝を抱えています。「アキエさん」と声をかけると顔を上げ笑顔がこぼれます。ところがまたいで足を踏み入れると「ウワォー」と唸り声を上げました。「入るよ」と断り絵具箱をドアのように開くと、何も言わずに受け入れます。道具類で築いたバリケードが、その時アキエさんが向かい合っていた自分の心そのものであったのかもしれません。

一週間余り踊り場で過ごし格闘を終えたアキエさんは、その後教室で泣き叫ぶことも、飛び出すことも、登校拒否も二度とありませんでした。一〇歳の少女がこんなにも深くありのままの自分を見つめ格闘したことに、当時の私は驚き、心動かされました。それを支えたのは声をかけかかわり続けた友だちだったのだと思います。

「子どもらしさ」という大人の幻想

無邪気にふるまったり、時にはちょっと大人びた言葉づかいをしてみたり……そうした言動に「子どもらしさ」を感じる人は多いかもしれません。けれども「子どもらしさ」って大人が勝手に使っている観念だと私は思います。自分が理解できる範ちゅうに子どもがいることに対する安心感が、きっとそこにはあります。

でも子どもがいつも大人の目が届き理解の及ぶ範囲にいるとは限りません。簡単に大人の常識を飛び越えるし、学習が深まり活発になるほど大人の尺度が通用しなくなることを私はたびたび経験しています。前回お話しした五年生のアキエさんは、登校拒否をしたかつての自分に向き合い、自身の心と対話するように一年間詩を書き続けました。大人にもできない深い精神性を感じさせる姿でした。

政治や社会や歴史の問題についても、子どもたちは考え発言します。広島の修学旅行で、宿舎に被爆者の森本範雄さんを招いてお話を聞いたとき、質問から話し合いが生まれ、ご本人を巻き込んだ討論が続きました。

一人の子どもが「原爆を落としたアメリカをどう思いますか」と質問します。「そりゃあ憎みましたよ。でも今はアメリカというより戦争を憎んでいます」と答えが返る。納得できなくて「そやけどな」と続けます、「はっきりと責任を追及しやなあかんと思います」。「戦争中に反対する気持ちはなかったんですか」と問われた森本さんは、時間をかけて考え、「やっぱりそういう時代だったんです」と答える。それがどうしても理解できない。発言を求めるたくさんの手が挙がりました。「でもな」「私思うんやけど」と、何度も質問と意見が交わされました。ポツダム宣言、教育勅語、中国や朝鮮の人たちの強制連行、南京大虐殺、空襲……、これまでの学習で調べた言葉が息を吹き込まれたように、子どもたちの口から紡ぎ出されてきます。

予定時間を大幅に過ぎて終えたとき、森本さんは「大学生や大人も含めて一〇〇回以上話してきましたが、これほど真剣に話を聞き、話し合ってくれた相手は初めてです。感動しました」と言ってくださいました。

何を「子どもらしい」と見るかは、見る側の大人の尺度によって変わります。子どもの側の問題ではないし、ましてや「子どもらしく」ふるまうことを求められたり、「子どもらしさ」を強要されたら、子どもにとっては迷惑な話かもしれません。さらに、学校や国のレベルで、「期待される子ども像」を大人がつくり、押しつけられたらどうでしょう。

「……らしく」育てるのではなく、一人ひとりの子どもをありのままに認めることが大切なのだと、私は思います。

小学生が一人で暮らす

卒業式を一週間後に控えた日、一人の少女から手紙が届きました。「絶対に言いたくなかったこと」と題されたそれは、原稿用紙六枚に几帳面な字でびっしりと書き込まれていました。母親に外に出してもらえず学校にも行けなかったこと、冬のさなか夜中まで玄関でうずくまって泣き続けたこと、光も差さない汚れ放題の家、姉と二人で行かされる夜の居酒屋の食事の悲しさ、お金がなくて二日間何も食べられなかったこと、母と姉がなぐり合うケンカ、高校生の姉の家出、父には別の家庭があること……、一二歳の少女の生い立ちがありのままにつづられていました。

新任教師の私は三年生を担任する際、その少女・イクさんが一・二年生の時にほとんど登校していないこと、母親が強度のノイローゼらしいこと、職員の誰も親に会ったことがないことなどの申し送りを受けました。その日から四年間、私は担任としてイクさんとかかわることになりました。

学校に来ないイクさんを誘いに家に通い続け、初めて顔を合わせたときのこぼれるような笑顔。「迷惑かけてすみません。イクのこと、よろしくたのみます」と便箋に二行書かれた母親からの手紙。翌日から登校したイクさんは以後卒業まで一日も休みませんでした。

クラス活動も児童会役員の仕事も弾けんばかりの明るさで取り組み、学校も勉強も楽しくて仕方ないように見えたものでした。友だちと共に過ごす毎日がイクさんを支えているのは明らかでした。

六年生の二学期、職員室にやってきたイクさんがポツリと言ったんです。「お母ちゃん入院して、うち一人やねん」「ご飯つくれるのか」「うん」「一人でさびしないんか」「うん」。それだけの会話だったような気がします。父親や民生委員、行政関係と連日の話し合いを経て、イクさんの一人の生活がはじまりました。

家が変わっていきました。窓や戸を開け放ち、光と風を入れる。ふすまも障子も張り替え、カラフルなカーテンを掛ける。裸電球が蛍光灯に替わり、小さな丸テーブルと真っ白な整理ダンスが並ぶ。そして生まれて初めて友だちを家に呼びました。「先生も食べに来てぇや」と誘われるままに、日曜日の昼下がり、真っ白なテーブルの上にかわいい食器に盛りつけられたイクさんの手料理をごちそうになりました。ちょっぴり気恥ずかしい思い出が、今も甦ります。六年生の少女が嬉々として新しい家庭生活をつくり出していったのです。

学校に通いながら、炊事洗濯掃除の家事一切をこなし、夜は宿題をして、後は「好きなだけ本が読めた」と言います。高校生になって、結婚した姉の家庭に同居するまで、一人の生活を続けました。現在イクさんは夫と二人の子どもを持ち、一二歳の時に夢みたであろう「あたりまえの家庭」を日々過ごしています。

自主運営の児童会

何から何まで子どもたちの手によって自主運営する児童会が登場したことがありました。二〇一一年三月一一日、東日本大震災が発生しました。児童会はすぐに行動を起こしました。アルミ缶集め、校内募金、駅前募金、授業参観日や運動会などの、保護者や地域の人たちが集まる行事にはいつも募金箱を置くなど、自分たちの考えうる方法を駆使して、被災地に送る募金を集めようと取り組みました。

この学校では、一〇月を境に前期と後期の児童会役員が交代することになるのですが、毎年交代の時期になると、「これで遊べるぞ」と歓喜の声を上げる人がいたり、やりきった充実感で笑みがあふれている人がいる一方で、「まだ途中やったのに」「続けてやりたかったな」などと、後ろ髪をひかれる思いを持ちながらしぶしぶ辞めていかざるをえない人たちもあります。

とりわけ大震災が起こったこの年はその思いが一人ひとりの心に重く残ったようでした。教室や廊下で顔を合わせるたびに、「せんせい、後期も募金活動続けるんかな」「私らで続けてやったらあかんかな、やりたいな」という声を、前期の役員たちから頻繁に掛けられました。

各クラスでは、後期児童会の活動テーマを考える学級会が開かれます。「前期に続いて、大震災の募金活動を続けたい」との意見も出てきますが、「毎年続けてきた、『世界で困っている子どもたちを応援しよう』の取り組みをやめたくない」との意見もたくさん出てきます。

特に前年には、アフガニスタンで空爆にさらされ、さらに避難したパキスタンで大地震にあった子どもたちに「学校・テントスクール」を贈ろうとの目標を立て、見事に目標額を超えて実現できた手ごたえと喜びを多くの子どもたちが経験していました。

また六年生からは、開発教育の授業で学んだ「ネパール・ジョーケル村を応援したい」との熱い思いを込めた意見も上がってきます。結局児童代表委員会では、後期児童会の取り組みは「ネパールの子どもたちに募金を贈る」ということに決まりました。

前期児童会役員の人たちは、「それなら自分たちで東日本大震災の被災者への募金活動を続ける」と、児童会担当である私のところに伝えにきました。相談ではなく宣言と言ってもよい、そんな覚悟を決めた強い口ぶりでした。

しかし並大抵のことではありません。集まる場所の確保も難しいし、何よりも誰も時間を保障してくれないのですから。使えるのは休み時間と放課後しかありません。あんなに「児童会をやると遊び時間がなくなってしまう」と、恨みがましく言っていた人も中にはあるのに、自分の時間をみんなが出し合って活動することなど本当にできるのか、私も半信半疑で聞き流すしかありませんでした。

ところがどうでしょう、「もう一つの児童会」が実際に動き出したのです。同時に二つの児童会活動が進行するという、前代未聞の事態が生まれました。発足したばかりの（いわば）正式の後期児童会役員に比べて、前期児童会の人たちは、会議の進め方、先生たちとの打ち合わせ、やり取り、校内の道具や機材の保管場所やその使い方に至るまで、さすが経験者の知恵としたたかさを発揮して、フットワークも軽く進めていきます。

まずは最初の招集が掛かります。放課後の理科室を使って話し合い、募金箱をつくって、近くの店に置いてもらうという目標が決まりました。店の名前を思いつくままに洗い出し、グループでお願いに回る。店で話すときのセリフまでこしらえて、周到な準備が進みます。

進行状況を確認するために、二回目の集合が掛かります。今度は放課後のパソコン室。なんと三六の店から募金箱設置の了解を取りつけてきました。

一方でこの頃から一つの、しかも悩ましい問題が生まれてくることになりました。「わたし、毎日放課後くるのんイヤやねん。ほんとは今日も友だちと約束しててんけど、断ってきてん。前期はもう終わってるんやから、こんでもええのんとちがうかなぁ」。言いにくそうに、でも決意を込めた表情で訴えました。「俺もそう思うわ。前期が終わって、これから遊べると思ってたのに、昼休みや放課後いっつも集まらなあかんのは、イヤやわ」という男子の声も上がりました。

「みんなもやりたい言うてたやん。これは私ら前期の課題やし、前期が終わったら、もうやらへんというのはおかしいんとちがうの」「人数が減ったら、手が回らへんようになってしまうで」。

厳しい意見が交わされました。結局「それぞれ自分の判断にまかせる。ただ、募金箱を置きに行ったり、回収したりするときは、人数が必要なので、全員が協力する」ことが確認されました。

年が改まった一月、いよいよ募金箱を店に置きに行きます。校長先生に頼んで、お店の人に宛てた校長からの依頼状も書いてもらいました。

三月になると、何軒かの店から「もう募金箱からお金があふれるくらいたまっていますよ」と、うれしい連絡が学校にも届くようになりました。そして、ついに回収の日。もちろん全員が手分けして市内の店に足を運びました。この日は、後期児童会と六年生たちが共同で取り組む、「ネパールの子どもたちへの募金活動」とも重なって、駅前や商店街やら市内のあちらこちらに子どもたちが出没することになりました。

この日集合場所になっていた学校図書館に次々と回収した募金箱が届きます。部屋の中央に置かれた丸テーブルの上に積み上げられたお金を手元に引き寄せて、一生懸命に数えます。どの顔も輝いています。

四月に前期児童会役員として初めて顔を合わせたときには、会議の進め方も分からず、しどろもどろにはじめた取り組みが、やがて全校集会でマイクを握って訴え、ビラをつくり、各教室を回って話したり、全校生の意欲を引き出そうと劇を上演したり……と、試行錯誤を繰り返しながら、全校の子どもたちや職員を巻き込んで広がっていきました。

そして前期の任期が終了した後に、自分たちだけの力で自主運営する児童会を立ち上げてでもやり遂げたその実行力には舌を巻いてしまいます。

子どもたちの状況をつくり出す力を、よもやあなどるわけにはゆきません。

ドイツ映画『ぼくらの家路』（原題〝JACK〟）の衝撃

ドイツ映画『ぼくらの家路』（原題〝JACK〟エドワード・ベルガー監督、二〇一三年）を観ました。不在がちな若い母親と弟と三人で暮らす一〇歳のジャックが、不注意で弟に火傷を負わせてしまったことをきっかけに施設に入れられるのですが、夏休みに迎えにいくと約束した母親から行けないとの連絡が入ります。家族に会いたくて施設を脱走したジャックは一人でわが家に向かいますが、母は長期の不在。友人の家に預けられていた弟を連れ出して、二人だけで母の帰りを待ち続けます。

是枝裕和監督の『誰も知らない』（二〇〇四年）が思い浮かび、重ねながら観ていました。柳楽優弥が史上最年少でカンヌ国際映画祭男優賞をとったことでも評判になりましたが、実際に起こった「子ども置き去り事件」を題材に映画化された見事な作品です。

（一〇年以上も前に観たので記憶がおぼつかないですが）ジャックと同年代と思われる四人きょうだいの長男（柳楽）が、置き去りにして出ていった母親に何カ月ぶりかで電話をかける場面があります。受話器の向こうの母親は、別の家庭の暖かい部屋と家族に囲まれて、笑いがこぼれる幸せを享受しています。その時、長男は自分たちが「棄てられた」ことを自覚します。

そこから一気に、ガスも電気も水道も止められた中で、きょうだいだけで過ごす凄惨な暮らしが描かれていきます。ラスト間際は、一番下の妹の亡骸をトランクに収め、妹の好きだった飛行場が見える河川敷で埋葬する場面が印象的でした。

『ぼくらの家路』に話を戻します。スクリーンに映るジャックと弟の姿を観ながら、いつ弟が亡くなるのだろうかと不安が浮かび、母親との決定的な決裂の場面を想像しました。

ある日路上のベンチで二人が寝ていたとき、ジャックがわが家の窓に灯った明かりを見つけます。大喜びで弟と駆け上がりドアをたたきます。（まったく別人が出てきて、この家の主が変わってしまったことを告げるセリフを、思わず私は頭に浮かべたのですが）ドアを開けたのは、やさしい顔に笑顔をたたえたママ。そして二人を何度も何度も抱きしめながら涙をあふれさせます。

翌朝リュックサックを準備するジャック。そして寝室に行き、ママと二人で寝ている弟を起こします。そのくらいではママが起きないことを知っているかのように。弟を着替えさせて、二人で家を出て行きます。

ジャックは「母親を棄てた」のです。

向かった先は、自分が「入れられていた」施設。その門の前に立って、コール・ホーンを鳴らす。向こうから職員の声が返ります。「誰？」。しばしの間をとった後、答えます。「ジャック」と。

そしてエンドロール。

この時彼が発した「ジャック〝ＪＡＣＫ〟」とは、固有名詞であり、人格です。一〇歳の少年が、母親を棄ててはっきりと、一人の人間として生きることを選択し、自立を表明する宣言であると思いました。『誰も知らない』の情動的な終わり方と比べて、その対極にある子どもの姿ではないかと思いました。

作品としては『誰も知らない』を私は評価しますが、その芸術性とは別に、日本とドイツの歴史や文化の違いが、その背景にはっきりと浮かび上がりました。子どもが自分で自分の生きる人生を選ぶことができる選択肢を用意している社会、国というものに感心してしまいました。

それをもっとも象徴しているのが、題名ではないでしょうか。邦題は『ぼくらの家路』。家に帰ることの憧れと、家に対するゆるぎない価値観が、情動的に込められています。しかし、監督にとっては、そしてドイツという社会にとっても、きっと個人の人格と人権を表す〝ＪＡＣＫ〟でなければならなかったのだと思います。

日本の若者たちは〝状況をつくり出す力〟を持っているか？

文部科学大臣が、二〇二〇年度からはじまる小中高校などの新学習指導要領で、「学ぶ知識の量を減らさない」ことを発表したという記事を読みました。「ゆとり教育との決別を明確にしておきたい」と話したことも。ヤレヤレ、またか。これでは日本の教育はいつまでたっても変わらないな、ヤレヤレ（ほら落胆したときに思わず口をついて出てくる、あのつぶやきです）。

〈知識〉は「与える」ものだと考えているのですね。たくさん与えれば与えるほど「いい」と。与えたら、与えたものがどれだけ定着しているかどうかを点検して評価します。知識を与えることと、点検評価することはいつもセットになっています。これでまた教師たちはテストと丸つけ、評価に忙しくなります、ヤレヤレ。

〈知識〉は与えられるだけではなく、自ら発見するものです。今ある〈知識〉を活用して、〈ふしぎ〉を見つけたり、〈事実〉と出会ったりして、あらたな〈知識〉を獲得する。さらにそれらを活用して試行錯誤を繰り返しながら、またあらたな〈ふしぎ〉や〈事実〉や〈知識〉と出会い、そして〈真理〉にも至る。「知識は生きている」という表現が使われたりするのも、そういうことを言っているのではないでしょうか。それが学びの醍醐味、学習の世界の面白さです。

「知識量を減らさずに、討論や発表などを通じて主体的に学ぶ『アクティブ・ラーニング』を導入する」とも大臣は言っています。「知識を与える・与えられる」関係が、アクティブ・ラーニングを生むはずがありません。アクティブ・ラーニングとは、授業の新しい形態・方法ではありません。〈知〉の活動を活発に展開する学びを、アクティブ・ラーニングと呼ぶのでしょう。横文字を使えば進んでいると考える、旧態依然たるステレオタイプです、ヤレヤレ。

一四〇年前の学制改革当時と変わらない発想。いやいや、当時は先進国に追いつけ追い越せの国を挙げての熱気が後押しもしたのでしょうけれど、今や「世界に負けない学力」という幻想を振りまくしかありません。ヤレヤレ！

子どもの力を信じてないな、いや見くびっているなと思わずにおられません。

一つの問いを立ててみましょう。日本の若者たちは〝状況をつくり出す力〟を持っているのか、あるいは否か？

二〇一四年九月に香港の高校生・大学生たちが「真の普通選挙」を求めて繁華街を占拠した、いわゆる「雨傘革命」の報道に接したとき、香港と日本の学生たちを比べて、どちらが考える力、学習する力、行動する力、生きる力があるのだろうかと、ふと疑問がよぎりました。その力は政治を行う力、文化を継承創造する力、経済を発展させる力、ひいては国をつくる力です。そして言わずもがなだと、私は思いました。

だってこの前年に日本では、特定秘密保護法の強行採決が行われ、「雨傘革命」の二カ月前には集団的自衛権行使容認の閣議決定がなされていたときで、それでもほとんど反対の動きを見せない日本の大学生の姿が二重写しに重なってしまったのですから。もうほとんど失望に近いものだったのかもしれません。

それから一年も経たないうちにSEALDsが登場し、燎原の火のごとくその活動は広がり、若者たちが主役の集会・デモが全国各地で取り組まれるようになりました。私も集会やデモに参加しました。多くの高齢者たちが、若者たちが集会の街宣車の上でスマホを片手に語るメッセージに聞き耳を立て、時には涙を浮かべて、若者たちのリズムを刻むシュプレヒコールにこぶしを突き上げて連帯しました。

安保法制の国会通過が危惧されたときには、国会前に二〇万人、全国で一〇〇万人を超える人たちの抗議の集会やデモが展開されました。

この若者たちはいわゆる「ゆとり世代」で、小・中・高校では総合学習を受けてきた人たちです。能力主義が蔓延する日本社会の中で、まるでお荷物のように言われることのあった「ゆとり世代」の若者たちが、今日本の歴史的転換点の最前線に立ち、「憲法守れ」「戦争するな」「国民の声を聞け」と、こぶしを突き上げる姿に私は思わず快哉を叫びました。

彼らが小学生だった平成一四年・一五年改訂の学習指導要領・総則には「総合的な学習の時間」の「ねらい」をこう書いています。「(一) 自ら課題を見付け、自ら学び、自ら考え、主体的に判断し、よりよく問題を解決する資質や能力を育てること。(二) 学び方やものの考え方を身に付け、問題の解決や探究活動に主体的、創造的に取り組む態度を育て、自己の生き方を考えることができるようにすること」(平成14・15年改訂学習指導要領)。

そのねらいを持った総合学習に取り組み、生きる力を育んできた若者たちならば、「国民の声を圧殺し、憲法違反をしてまで戦争のできる国にしようとする、政権の独裁と横暴」という社会問題に向き合ったときに、「無関心を装う、声を上げない、話し合わない、行動を起こさない」

ことはあり得ないはずです。

「教育の取り組みの成果」として、若者たちの行動が生まれます。

ところが日本の政治家、官僚、財界など、この国を動かしていると思っている人たちは、若者たちが考える力、学習する力、行動する力、生きる力をつけることを嫌っている、否、おびえているようにすら見えてきます。自分たちが動かしているつもりの社会の秩序が脅かされるとでも危惧するのでしょうか。

だから学校教育においても、考える子ども、学習する子どもが育たないように手を尽くしているのではないかとすら、私には思えてしまいます。「小中学校の道徳を、検定教科書を用い学習評価を行う正式な教科とする」ことになりました。むしろ秩序を守り、言うことをよく聞く態度を内面から注入しようというわけです。

ますます子どもたちから考える力、学習する力、行動する力、生きる力が奪われていこうとしています。将来の社会や国や世界をつくる仕事を、若者たちに託そうとする気持ちなど、本当は微塵もないのかもしれません。ヤレヤレ！

第八章　魂のバトンリレー

魂と共に生きる

元ひめゆり学徒隊の宮城喜久子さんが語る話を聞いていると、戦場に轟く爆音や空気を切り裂く機関銃の音、負傷した兵士のうめき声、生暖かい空気、雨風が肌に当たる感触、血の臭いまでが感じられ、まざまざとその場の光景が浮かんできます。広島修学旅行の事前学習で、被爆者佐伯《さいき》敏子さんの『ヒロシマに歳はないんよ』のテキストを目で追いながら、再生装置から流れる佐伯さんの声を聴いて、その息遣いやあふれる感情の高まりにも耳を澄まして、子どもたちはつばを飲み込み、涙をこぼします。水俣病患者の坂本美代子さんの、村人たちから口を覆い息を止めて家の前を小走りに通り抜けるような村八分を受けた話を聞いたり、寝たきりの姉のことに話が及ぶとき、教室の空気が張り詰めます。

宮城さんが、佐伯さんが、坂本さんが語る言葉であるのだけれど、その後ろにたたずむ人たちがいっしょに語りかけているように感じることがあります。その人たちが宮城さん、佐伯さん、坂本さんの体と声を借りて話しているかのような。

沖縄で一〇万人の県民大会が開かれたり、核実験に抗議して被爆者の方たちが老いの身を挺して座り込みをしたり、水俣病の患者さんたちが国や県やチッソを相手に裁判したり、激しいまでの闘いをなされます。その一人ひとりの背後に共に闘う人たちが寄り添っているように感じることがあります。

この方たちは身近で多くの死を経験されています。自分の親や子、きょうだい、親類や友人など、たくさんの死と向き合ってこられました。ひょっとしてその亡くなった方たちの魂と共に生きておられるのではないか、共に生きる魂の数だけ、人はやさしく、また強くなれるのかもしれないと思いました。

私が初めて沖縄を訪れ、読谷村《よみたん》にあるチビチリガマ（洞窟）を案内してもらったときのことでした。太平洋戦争中に地上戦が行われた沖縄戦の話から、ガマの中で起きた「集団自決」の話をうかがっていました。と、案内してくれた方が、当時まだ洞内に残されていた人骨をそおっとすくい上げて、私の手のひらに乗せたのです。「これは背骨でしょうか」「これは子どもの骨かもしれませんね」……。

手のひらにある小さな骨を通して体が震え、言葉がなくなり周囲の景色が消えて真っ白になりました。初めての経験でした。今何かを託された、人として決して裏切ることのできない何かを。そう直感しました。私はそれを「魂のバトンリレー」と呼んでいます。亡くなられた人たちの魂に対する責任の取り方であり、生き方の思想であり、行動の哲学と言ってもいいのかもしれません。教育の大きな働きに、事実や知識、技術、技能などを伝えることがありますが、子どもたちが深い学習に取り組むとき、その背景にある人々の顔が浮かび、生き方や、願い、思いが立ち現れてくることがあります。「魂のバトンリレー」が生まれているのではないかと思えるときです。

東日本大震災や原発事故によって被災した方々も、たくさんの魂と共に生きておられるに違いありません。私たちの普段の暮らしの中にも魂と共に生きること、その魂をバトンリレーするという営み、それはあるのだと思います。

魂のバトンをいかに引き受け、誰にどのようにリレーしていくのか、私たち一人ひとりの課題ではないのでしょうか。

おばあちゃんからの伝言

戦後迎える夏も七〇回を超えました。戦争や被爆体験をいかに語りついでいくのか大きな課題です。学校でもさまざまな試みがありますが、世代を超えた継承、前の世代から学ぶ機会は身近なところにもあります。わが家でもこんなことがありました。

七九歳の母が入院してからの経過はあっという間の出来事であったような気がします。ペースメーカー装着手術の後、歩けなくなり、以後またたく間に症状が悪化し、やがて起き上がれなくなりました。骨粗しょう症で機能マヒを起こし、さらに進行すると言われました。「寝たきり」という言葉が脳裏に浮かび、本や新聞、テレビを通して記憶していた活字や映像が母の姿と重なってきます。福祉問題、社会問題としてとらえていたものが、私の問題、家族の現実として、一挙に重くのしかかってくる圧倒的な切実感に襲われました。

主治医から「入院期間は三カ月が限度」と告げられた頃、母は「家に帰りたい」と漏らすようになりました。特に痛みに襲われるとき何度も、まるでそれが痛みを消し去る呪文ででもあるかのように「家に帰りたい」と繰り返しました。五八年間暮らした家が反射的に浮かぶのかもしれません。退院を決意した翌日から医師やケースワーカー、福祉事務所、訪問看護ステーション、介護器具メーカー、近所の病院等々、手探りで走り回る毎日が続きました。使える制度はなんでも使い、毎年続けていた家族旅行を今後も続けると夫婦で決めました。「母のために犠牲になる」という意識を持ちながら介護を続けられるわけはないと思ったからです。

自宅介護をはじめました。小学生だった子どもたちが体を抱えて動かそうとすると、「よいしょ、よいしょ」と母も応援します。車いすに乗せて食卓を囲むとき「おいしい、おいしい」と声を上げます。排泄の介助をするとき、子どもたちが鼻をつまんでおばあちゃんの腰やおなかをさすると、笑顔をこぼします。目の前の母の姿をあたりまえに受け入れている自分に気がつきました。それが死に向かって歩む人間の自然な姿と見えたとき、両肩に張り詰めていた力がいつの間にか消え去っていました。

母は、孫たちに暮らしの中でさまざまな経験や知恵を伝えてくれました。そして最後に生きることの意味と、何よりも人が死ぬことの意味をやさしく教えてくれました。出棺の直前、棺の中の母に向けて、「ありがとう」と私はそっとつぶやきました。

祖父母の世代との交流で子どもたちは多くを学びます。それは人生の宝物なのかもしれません。

家族で長崎を訪れる

二〇一三年の八月七日から九日、長崎県の原水爆禁止世界大会に家族で参加しました。二〇歳を過ぎた娘たちに、私なりに伝えたいことがあったからです。各自が分かれて参加した分科会の後で、夕食のテーブルを囲んで、移動中など、戦争や核兵器、原発、政治、差別……など、家族の話題は尽きることがありませんでした。その年の平和宣言で田上富久長崎市長は「若い世代の皆さん、被爆者の声を聞いたことがありますか」と問いかけ、「あなた方は被爆者の声を直接聞くことができる最後の世代です」と訴えました。

核兵器廃絶に向けた高校生一万人署名運動と高校生平和大使の活動が、被爆者代表の「平和への誓い」の中でも、分科会でも、大会中のさまざまな場で紹介され、次世代につなぐ希望として語られました。ヒロシマ・ナガサキを伝えるすべてのメディアが、これまでも毎年そうしてきたように、被爆体験、戦争体験の継承は、唯一の戦争被爆国である私たち日本人の国民的課題であり、政府の責務であると報道しました。

継承するためのもっとも有効で具体的な場は、学校教育です。実際私も広島修学旅行を通して、子どもたちと学習に取り組んできました。そのクライマックスは、被爆者と子どもたちが直接出会う被爆体験の語りの場です。子どもたちはしわぶき一つ立てずに、直接原爆をその身に受けて、その後の時代を生き抜き、今自分の前にいる被爆者を見つめ、聞き入り、深く考えをめぐらせます。書くことや発言を通して意見を表明し、交流し討論が生まれます。家族の歴史や、いじめや差別の経験と重ねて考えるなど、生き方を揺さぶられる学習が生まれます。

ところが私の在職した市の教育委員会は、ほとんどの小学校が取り組んでいた広島修学旅行の再検討を要求しました。理由は、市の予算が逼迫する中、就学援助ができなくなるので予算を安くするようにというものです。

教育論議や被爆体験を継承する意義などを一切無視した、かたくなな態度に終始しました。結果、広島に行く学校はなくなり、舞鶴の引揚者資料館や、うどんづくりや地引網の体験、阪神淡路大震災資料館などに変わり、中には自衛隊の体験学習を組み込む学校まで現れたのです。

被爆者の高齢化を思えば、今をおいてほかにない何ものにも代えがたい貴重な経験を、平然と踏みにじってしまう学校の現実に、地団太踏んで悔しく思いました。戦争や被爆体験をどう伝えていくのか、ぜひ家族で話し合ってみてはいかがでしょうか。

そして、まだ生まれてこぬ人々の魂につなぐ

一つの問いを投げかけてみたいと思います。教育において〈死〉というテーマは扱われるべきか、それとも否か？

きっかけは、八〇歳になる母が病に伏す病床につき添いながら、確実に〈死〉へと向かう姿を見て、これは「よくないこと」が進行しているのだろうかと考えたことでした。人が生を得て、八〇年の人生を生きて、今〈死〉へと向かう自然の道を歩む姿はすばらしいものではないのだろうかと思いました。

自分自身を振り返ってみれば、これまで〈死〉は怖いもの、忌むべきものとして遠ざけ、できるだけ意識の外に追いやるか、片隅にひっそりと隠して、無関心を装ってきたような気もします。授業でも「いのちの尊さ・すばらしさ」を引き立てるための、いわば舞台道具として扱ったことはあっても、〈死〉をテーマにした学習に取り組んだことはありませんでした。

もう四〇年近くも前になりますが、灰谷健次郎が児童文学の金字塔とも言われた『太陽の子』を書き上げたとき、確か座談会での発言であったと思いますが、主人公のふうちゃんの父が自死する場面に触れて、「児童文学には『死を書かない』という暗黙の了解があった」という意味のことを話していたのを覚えています。

その「あとがき」で、「今ある『生』がどれほどたくさんの『死』や『悲しみ』の果てにあるかということを教える教師も少なくなりました。（……）死せる人々に応え得るような『生』が、今の日本にないとしたならば、この日本という国は、いったい何なのでしょうか。（……）兄の『死』を通して、『生』の根源的な意味を考えるために、『太陽《てだ》の子《ふぁ》』を書くのだと、ぼくは思いました。」（灰谷健次郎『太陽の子』理論社、一九七九年。「あとがき」から）と書いています。

さらにそれから二〇年後に、角川文庫版『太陽の子』に寄せて高史明は、灰谷健次郎のその「あとがき」を引用しながら、次のような「解説」を書きました。「私たちの今日的な感覚でいうなら、死という言葉から連想されるのは、暗い色でしかない。大方の生者は死者を忌むのである。だから生者中心の世界にあっては、死者は常に遠ざけられていると言っていい。別の言葉でいうなら、いち早く過去の彼方へと埋め込まれるのである。そうでなければ、生者中心に生者のために、生者の世界の何処かへやらに祭り上げられることになっていると言っていい。とはいえ、この生者中心の眼差しはなんであるのか。灰谷健次郎は、私たちのこの今日的な常識に、真っ向から相対峙しているのである。その真摯な眼差しから『太陽の子』の明るさと優しさが、生み出されているのである。問題はむしろ、私たちの生者中心の眼差しの方にこそ潜んでいるといえまいか。私たちの生者中心の眼差しは、本当に明るいのか」と。

私も〈死〉と向き合う経験をしました。定年退職をした二日後に東京に行き、その翌日に心不全となってＩＣＵ病棟に緊急入院しました。人工呼吸器を装着して文字どおり生死の境を行き来した後、一週間の昏睡から覚めて、結局こちら側の〈生〉の世界にとどまることになったのでした。いわば「二回目のいのち」を生きはじめてから、私は自分自身の大きな変化に気づくことになりました。人と話しているときも、読み物をしているときも、映画やテレビを観ているときも、言葉の読み方、聞き方、感じ方が今までと違うのです。朝、自宅近くを歩いていても、見える景色、聞こえる音、匂いまでが違っているように感じられます。言葉の間や裏に潜み隠れている意味が読み取れたり、気配を感じられるように思えてきました。私のものの見方、考え方、表現の仕方が否応なく変わってきたことを、自分自身が驚きをもって、清新な経験として受け入れるようになりました。

その理由はとてもはっきりしています。〈死〉を経験してから、私はいつも〈死〉と向き合い、あるいは隣どうしに肩を並べてつき合いながら生きています。つまり〈死〉を通して、あるいは「死とつき合いながら生きているという自覚」を通して、読み、聞き、感じているからにほかなりません。生者中心の眼差しではなく、〈死〉と〈生〉との両者の眼差しを通して、初めて世界はくっきりとした陰影に縁どられたかたちを見せ、より鮮やかな輝きを発するのではないでしょうか。ちょうど光と影が共存し互いを強め活かし合うように。

現在の学校教育は、生者中心の世界で成り立っていて、それに対して誰も疑いをさしはさむ者がいないくらいにあたりまえに思われています。そして生者の中からさらに競争に勝ち抜く勝者をつくることをめざします。より強い生者をつくることが教育の目的であるかのように。

しかし教室で学ぶいかなる知識、技術、技能、経験にも、その背景には必ず数限りない死者たちの存在と、その魂が連なっています。授業の中でぐいぐいと学習が深まってゆくとき、まるで子どもたちが死者たちに眼差しを送り、対話が生まれているように感じられるときがあります。確かな仕方で知識、技術、技能、経験と同時に魂が受け渡しされていると実感されるときです。

知識と技術、技能、経験と魂を引き受けた子どもたちは、やがてそれを伝え手渡す側に立ち、ついには紛れもなく死者の側に立つことになります。それがあたりまえの理《ことわり》であると分かれば分かるほど、人はバトンリレーのやり方に自分の存在をかけた思いを込めようとするに違いありません。人類が生きてきた悠久なる時間の中で、たかだか一〇〇年にもならぬ人生というリレーゾーンに立って、魂のバトンを受け取り、次へと手渡し、そしてまだ生まれてこぬ魂へとつなぐ営み、教育とはそういう仕事であると思うのです。

終　章

野本三吉さんとの対談
～無関心でいない、あきらめない、他人《ひと》まかせにしないために～

野本三吉さんとの出会い

松森　野本さんとの対談は、私の夢でした。
野本　いやいや。
松森　私は一九七六年に教職に就いたのですが、教師というのが苦手というか、嫌いだったんですね。しばらくは毎日「辞表」を携帯して通勤していました。その感覚は、退職するまで基本的に変わりませんでした。

大学闘争がほとんど収束していたものの、「政治の季節」の残り火をくぐってきた、大江健三郎の言葉を借りれば「遅れてきた青年」である私は、斜《しゃ》に構えて世界や社会を見る性癖がこびりついていたようです。学校は正義を振りかざす権威の象徴のごとく思えて、ヒゲとジーパンをトレードマークにして、「教師はファッショナブルであるべき」なんて唱えながら抵抗を試みていました。

野本 うんうん。最初にだから実習に行くでしょ。それでやろうかってなるんでしょ。そう書いてあったからね（第一章「〝子ども人〟との出会い」参照）。

松森 そうです。あれはもう私にとって原点ですね。

野本 そうでしょうね。

松森 「ああ、子どもたちってこんなに面白いんだ」って思いましたね。で、その時に、本当に感動したんですけれどもね。だけど、実際にやってみると、やっぱり教師は面白くなかった。

野本 ああ、そうかあ。

松森 ほんとに、なんて言うのかな、お互いを先生と呼び合いながら。みんな家に帰ったら、きっと心優しいおっちゃんやおばちゃんですよ。それが、ひとたび校門をくぐると、お互いを「先生」と呼び交わすことで、一人ひとりの個人史も暮らしぶりも消えてしまう、というか消してしまう。だから近所の子どもに向かっては絶対に言わないだろう言葉を投げつけたり、態度をとったりしてしまう、平然と。学校という閉鎖空間の中だけで通用する「学校文化」や「学校社会」のルールだけがまかり通っていて、誰も異を唱える者がないという、そんな感じがしたんですね。

野本 うんうん、まずそこからだな。

松森　だから言いたいことがやっぱり言えずに。
野本　言えないよね。
松森　言われることをそのままやっている。だけどみんな不満をいっぱい持ってるわけです。その中で、ようやく、帰りに喫茶店で愚痴を言い合ったり、飲み屋で議論したり、そういう教員どうしの人間関係が生まれてきたんですね。
野本　うんうん。
松森　その学校では、長年体育の校内授業研究をやっていたんです。私は研究授業を通して、いろんなことを学ばせてもらって、楽しかったんですが、ある時、職員会議で文部省（当時）の後援で「体育の全国発表」をしたいとの提案がいきなり管理職からありました。普段発言することのない職員も声を震わせ、時には涙も見せながら、日頃の多忙を訴え、あまりに一方的なやり方や学校運営を批判して、全員が発言する会議が夜遅くまで続きました。
いよいよ採決をとろうとしたとき、教頭が「実はもう受けてしまっている。戻せない」と発言したのです。一気に職員の中に失望の色が広がり、あきらめの空気が走りぬけたのを今も鮮やかに覚えています。
野本　あぁ、いまの政治と同じだなあ。
松森　翌朝の打ち合わせで、私は「全国発表に反対」であることを改めて発言し、強行するのなら、「私は一人で別の全国発表をやる。ビラやチラシも配る」と宣言しました。

五年生のクラスの子どもたちに「学校で起こっていること」を説明し、学級会で話し合い、保護者には学級通信を通して説明しました。子どもも保護者も誰も私の説明に反対はしませんでした。

発表会当日、運動場や体育館が全国からの参観者で埋まる一方で、五年三組の教室では理科と国語の授業の「全国発表会」をやりました。なんと噂を聞きつけた大阪府内外の教員たちが二〇人近く参加してくれました。中には「不当処分を受けたので、現在その撤回闘争をしている」と自己紹介する猛者がいたり、学生時代の友人や、大学の教員も参加してくれましてね。「予期せぬトラブル」に対処するために、教室のガード役を買って出てくれた人たちもありました。職場の何人もの職員が、前日から教室準備を手伝ってくれたり、事後の話し合いにお茶を用意してくれたり、「何もできなくてごめんね」と言いながら陰からのたくさんの応援もありました。

結局「体育の全国発表」は予定どおり行われましたが、職場の人間関係は壊れてしまい、一〇年以上続いた校内の「体育の授業研究」はこの年をもって終わり、翌年には校長はじめ大規模な人事異動がありました。

野本　なるほど。

松森　「やっぱり、もう無理だ」と思ったんですよ。こんなところなのか、学校っていうのは。上から一方的に教師も押さえつけられる。そして、授業は、まあいわば「教える授業」ですよね。

野本　そうですよ。うん。

松森　それが、あたりまえのようになってしまっている。やっぱり私が思っていた授業っていうのはこんなはずじゃなかったと。もっと、子どもたちはいきいきするはずだし。第一、教師もね、こんな面白い子どもたちとつき合ってたら、もっといきいきするはずだと。で、もう、「やっぱり辞めなしゃあない」と思ってるところに、野本さんの本と出会ったんですねえ。

野本　これ、『不可視のコミューン』（社会評論社、一九七〇年）？

松森　はい、『不可視のコミューン』です。

野本　ああ、そうですかあ。

松森　それからはもう、野本さんが書かれている本を読み漁りました。ちょっと生意気な言い方なんですが、「私とおんなじことを考えてる人がいる」って思ったんですよ。私にはとてもこんな表現はできないけれども、でも私と同じことを考えて、そして表現してる人がいるんだと。「まだやれるかもしれない」と思いました。

野本　僕は、四年半くらいで辞めちゃうんだけど。僕の場合は、子どもたちに教えるときに、こっちも楽しくなきゃつまんないわけだね。つまり決まったことをそのまんま子どもたちに教えて、分かりましたか？　ていうんじゃなくて。
　小学校ってさ、「なんで、どうして」という質問がすごいんだよね。

松森　ええ、そうですね。

野本　「どうして太陽はあっちから上がるんだろう」とか「どっちに沈むの」とか。「いや、沈むんじゃないよ」って言って。「なんで?」「のぼるじゃん」「沈むじゃん」でしょ。だから、もう「赤ちゃんはなんで生まれるの」からね。で「なんで人間は死ぬの」とか、「金魚はなんで死ぬ」とか。「死ぬって何」とか。要するにめっちゃくちゃ質問がくるわけでしょ。で、答えきれないから、一生懸命考えるわけでね。僕は「あ、まだ知らないことがいっぱいある」って気がしたんですよ。

僕はまだ知らないのに子どもたちに教えきれんなあと。まだ二〇歳そこそこでしょ。二二、三からはじまったわけだから。だから、もうちょっと僕は勉強したいなあっていう。

結局ごまかせるんですよ。何か、ちゃんとまともにこの質問に答えるような自分になるにはどうしたらいいかって、もっと勉強したいと。その勉強の中身は、暮らしの中で学びたいっていう感じがしたんですよ。まだ、知らないから。

松森　分かる気がします。

野本　今度は、大学で勉強することじゃなくて、もっと社会を、日本中を歩きたいって思ったの。いや、世界中だ。特に世界のことなんにも知らなかったから。世界中歩きたいっていう風に思って。ちょうどその頃に、小田実さんが『何でも見てやろう』（河出書房新社、一九六一年）を出したんですよ。

松森　私も熱中して読みました。

野本　何かこんなことして、ここで安心してられないなあと。またもし学校の先生になるんだったら、なってもいいんだけど。今の自分は無理だなあと思って、それで辞めようってのが一つです。

で、もう一つは通信簿だけど。これはもう、僕よく言ってるから。通信簿、五、四、三、二、一、ってもう決まってる、相対評価でしょ。だからそんなバカなって。僕のクラスには一も二もいないっていう感じだったから。だから、そんな相対評価つけられないって思って。

その二つがあって、一回離れて、自分でもう一回、学び直したい。つまり先生ってのは「学ぶ人」だと思ったの。

松森 そうそう、そうですねえ。

野本 学び続ける人が先生なんだと。自分が知ってることだけを教える時点で、もうダメだと思って。もっといろんなこと知りたいってことで飛び出したということで。僕はもう、そこで辞めちゃうんだけど。

ただ、よい先生方、いっぱいいらしたしね。その後、ずーっと定年までやって、校長になったり、いろいろした人たちもいるんで、すごいなあと思うんですけど。僕の場合はいったん飛び出しちゃったと、こういうことですね。

松森 私はどうなんでしょうね、やっぱり辞める勇気がなかったんだろうなあ。

野本 そりゃあ、あるよ。経済的に大変だったもん、僕も。辞めたら、生活できないんだもん、収入ないし。

松森　そうですねえ。
野本　もう、ほんとにアルバイト、アルバイトで大変だった。
松森　まあそれとやっぱり、子どもたちとの関係がありましたからね。
野本　よかったんでしょ？
松森　うーん、やっぱり「子どもたちから離れたくない」という思いは強かったですね。
野本　分かります、それ分かる。僕も泣かれたもん、辞めるって言ったときに、子どもたちがみんな泣くし。親子で来てさ、「辞めないでください」って言ってさ。未練あったよ、すごく。でも、なんていうか、どっちを取るかだったね。だからあの時、書いたんだけど、「止めないでください、僕を。まだ僕はそれを断るだけの強さがないから」、とか書いてあるんだけど（笑）。

親とのかかわり、地域とのかかわり

松森　先ほど「教師の世界になじめなくて、結局退職するまでその気分はほとんど変わらなかった」と言いましたが、一方で「教育の世界はとても面白い」と思ったんですね。先生だけがやる仕事ではないし、親も、おじいちゃんおばあちゃんも、近所のおっちゃんおばちゃんも、通りすがりの人も、子どもを囲んでにぎやかにワイワイガヤガヤ取り組むものだと思って、こんな面白いものはないと思っていました。教職を続けるほど、その面白さは増していったように感じました。

野本　だから、今度のテーマはすごくいいと思うんですよ。

松森　はい。

野本　『街角の共育学』って書かれてるでしょ？

松森　はい。

野本　で、その街角は暮らしだよね？

松森　はい、そうなんです。

野本　だから先生が、自分が知ってる知識だけで、子どもたちに教えようと思っても無理だから。どうしても、地域の人たちといっしょにやらなきゃいけないよね。

いろんなことやってるじゃない。学校で泊まったりだとかさ。同窓会やってる話があって、思い出したら、親もいっしょに来たとか。すごいねえ。親も入るっていうのがすごいじゃん。もう入口に入ってるよね、地域の。

松森　そうですねえ。それはとても面白い経験としてありましたね。だからまあ、そんなことを続けながら、三六年間勤めました。

野本　すごいよなあ。

松森　まあ面白かったと言えば、面白かったですねえ（笑）。

野本　親との関係はどうだったの？　相談がきたりとか、家庭訪問したりとか。
松森　私はもう家庭訪問とか、個人懇談とかはねえ、大好きだったんです。
野本　うん、分かるよ。
松森　家庭訪問の時には、よく管理職や先輩教員から言われるんですよ。特に若い頃はね。各家庭、一〇分くらいまでですよ、とかね。家庭訪問のマニュアルをつくっている学校もありますよ。
野本　うんうん、そうだね。
松森　行ったら家の中まで上がらないように、とか。
野本　あんまりお茶飲まないとかね。
松森　そう（笑）。出されたものを食べないで、とかね。
　それ、全部違うようにしましたよ、私は（笑）。わざわざ反対してやったんじゃなくって、子どものことを話していると、もっと聞きたい、もっと話したいということになっていくんですね。ごくあたりまえにね。
野本　ゆっくり話すことね。そうだよね。
松森　だからほんとに、玄関で話してて、一〇分、一五分、二〇分経ったら、ようやく本音が出てくるんですよ、親のね。
野本　はい、そうです。そうですよ。
松森　そしたら、「まあ上がりいや」なんて言われて。

野本　そうそうそう。

松森　で、家に上がって話すわけですね。私はもう出されたものは、必ず、頂きました。どれだけおなかがちゃぽんちゃぽんに水が溜まっていようと。お菓子でおなかがいっぱいであろうとね。必ず食べて帰りました。

野本　はい、それは親はうれしいですよ。

松森　だから、そういうの繰り返しているから、もう何年か経ったら、一日の最後に訪問する家庭では、あの、本当にお酒を用意して、お父さんも座って待ってくれてるところもありましたよ（笑）。

野本　ははは。いいですよ、それは、本音が出せるから。

松森　ええ、そうなりましたね。

野本　子どもを見てる親たちがいて、その親たちの気持ちをやっぱり受け止めないと教育ってできないわけですね。

松森　はい。

野本　子と親をいっしょにやっぱり、対応しなきゃいけない。で、そういう意味で言うと、親と、やっぱりゆっくり話すということが必要で。今は、形式的になってね、家庭訪問もね。それ以外に学校や先生のとこに相談にくるって、今あんまりないと思うけど。松森さんの頃はあったよね、必ず。

松森　ほんとに思い出すことって、いっぱいあるんですけどね。個人懇談会なんかでも、ある親が、私のことを批判するんですよ。ものすごく批判する。

野本　そりゃすごいな、よく言えたなあ。

松森　うん。で、「先生、うちのクラスは漢字はどこまで進んでるんですか？」って。

野本　はは（手を打って笑う）。

松森　「いやあ、実はね、昨日、漢字の勉強をやってましてね、『国』の漢字を書いていたら、クニガマエの中に王様がいるから『クニ』になるんやな」と発言した子があってね、その時勢いよく手を挙げる子がいて、『それはおかしい』と言い出したんですよ。クニガマエの中に『ヒト』を書いたら、囚人の『囚』で、『王様』を書いたら『クニ』になる。それはおかしいやん、と」。

野本　そう。これすごいねえ。書いてあったからびっくりしたよ、これ。

松森　「お母さん、ミキさん（その母親の娘）が、そう言うたんですよ。うれしくってねえ」って言ったら、「そんなことどうでもいいんです！」ってね（笑）。

野本　これ、気がつかないとダメなんだよ。これに気づかないとね。

松森　うーん、で、「算数もよそのクラスに聞いたら、今、分数のここをやってるって言うじゃないですか」。

野本　うん、こっちは遅いとね。

松森　「分かりました！　もう言うても分からないから、教育委員会に行きます！」と言って立ち上がったんです。

野本　ああ、そういうのね、そうだね、それはあるな。

松森　で私は、「いいですよ」って言って、別れたんですけどね。でもその親が、六年生の時にクラスで一泊の合宿旅行をしたときに（第一章「ペアレント、そのパワーたるや！」参照）、反対する校長と掛け合う先頭に立ってくれた一人なんです。あの時の中心になってくれた親なんです。

生きていく力

野本　生きてく力の一番大事なものは何かって言うと、僕は三つくらいあると思ってるんですよね。

一つはね、何か分からないことがあったときに、聞けるっていうことです。「どうして」とか「分かんない」って聞ける。あるいは、間違ったときに、間違っても、まあそこからはじまるという。要するに、できないこと、分からないことが、むしろ大事だと思うっていう、この発想ですよね。

これがねえ、生きることの一番の基本です。これができたら、もういいわけですね。

松森　「分からないからもう一度言って」とか、「分からないから教えて」と、先生や友だちに言えることはとても大切なことですね。学習する力です。それが言えない、聞いてはいけないという「空気」が、学校というところにはあるのだと思います。

野本　二つ目はね、真似をする。真似をしたくなるという気持ち。これは、あの人みたいにやりたい、あの子みたいにやりたいとか、先生みたいにやりたいとかって思って、はじまるわけですね。真似てくわけです。真似る力なんですけど。これがまあ、ものすごく大きいことですね。

だから、なぜって聞くこと、真似すること。三つ目は、自分と違うものと出会って、なんでだろうって感じること。異質なものと、出会うことですね。

松森　うんうん。

野本　そうすると自分が気がつかないものに気がつくっていう。異文化っていうか。松森さんの場合は障害を持ってる子たちとの関係のこと言ってるけど。外国人も含めて。

松森　はい、そうですねえ。

野本　自分と違う世界。それと出会うことですね。結び合うこと。これですね。

松森　はい。

野本　で、この三つができたらね、生きていけると思うんです。生きる力がつくと思うんです。真似したくなることと、なぜ、とか分かんない、とかできないって言うこと。自分とは違うものを、理解しようとするっていうか、知ろうとするっていうこと。この三つが、生きてく知恵だと思うんですよ。教育実践、という風にこれは思えてね。

松森　障害のある子どもやない子ども、民族や国籍の違う子ども、家庭環境の違う子どもなど、いろいろな「ちがい」を持った子どもたちが集まってくる学校という場は、まさに野本さんの言われる「三つの力」を学び、身につけることのできるところに違いないと思うのですが、そうはなっていない現実があります。なぜなのか？　教員が忙しすぎるからなのか。親の意識が受験勉強ばかりに向いているからなのか。社会の構造が影響しているのか。日本という国の歴史がそうさせているのか。私もこの本の中で繰り返し問い続けているところです。

今の親は学校を見放しているのだろうか？

松森　今の親って、学校を見放しているんでしょうか。

野本　あー、そこが難しいね。

松森　子どもはどうなんでしょう。子どもは学校を見放しているんだろうか。私はもちろんそう思いたくないんですけれどもね。

野本　うーん、これは大きいテーマだね。もしかすると最大のテーマだね、これは。僕は単純に考えていてね、昔はね、親も学校に要求できたでしょ、こういう子に育てたいとかね、家庭に合わないんでこうしたいんだ、と。

松森　そうです、そうです。それは私が、まぁランドセルの話から「まえがき」でちょっと書いたように。

野本　そうそうそうそう。

松森　それぞれの家に、それぞれの教育論があったんですよ。

野本　あったんだよ。

松森　つまり生活に根づいた教育論ですよ。どついてくれてもかめへんから、そのかわりやさしい子にしてくれ、とかね。で、血相変えて学校に怒鳴り込んできた親とケンカだってしましたもん。

野本　うん、僕はね、家庭も変わったし、学校も変わったと思ってるんですよ。もともとは家庭も地域もあった中で、学校をこれからつくって新しい子どもたちを、ちゃんと社会に適応する人に育てようという学校のイメージをつくられたでしょう。

この時は家庭の中で育ってるの、ほとんどの家庭がね、第一次産業なんですよ。これ僕の説なんです。農業やって、農民になるために育ったから農家を継ぐわけですよ。漁業だったら漁師になるわけですよ。林業だったら林業の跡を継ぐ。あるいはお店をやってれば、お店の跡継ぎになる。それから自分で工場をやってれば工場の跡継ぎになるとか、お寺があるとか、職人さんの家なら自分の職を跡継ぎさせるとか。

そういう風に、次が見えてたの。だから、親が自信持ってたんですよ。だって、自分がやってることに追いつかせなきゃいけない、で、そのためには読み書きもできなきゃいけないし、体もちょっと鍛えとかなきゃいけない、歌も歌えなきゃいけないと。だから親がまず生きる方向性を持ってて、それを真似させてたわけよ。その自分の跡継ぎをつくるために、子どもたちを学校に預けたわけ。もうちょっと教養を積んでほしいとかね。だからそれは自信持ってたんですよ、親、両親ともね。おじいちゃん、おばあちゃんたち、みんな代々そうだから。

ところがそれがね、日本には第一次産業の仕事がなくなってきたんですね。で、ほとんどがサラリーマンになった。だから、ほとんどがサラリーマンだと今度は、会社に行ってもちろん専門の人もいるんでしょうけれども、この働いてる姿はね、子どもたちに見えないんですよ。まったくね。だから、お父さんを尊敬しようがないんですよ。お母さんも尊敬しようがない。まぁ、家庭の中で過重労働してる場合がある。あんなん嫌だ！　ってなっちゃうわけだね。だから、親が自信持って子どもたちを育てきれなくなっちゃったんだね。じゃどうやって育てるか、サラリーマンにする、一般的でしょ。すると、サラリーマンにするためには、こういうことが必要だっていうのは、これは学校でしか教われないと思って学校に入れるんだよ。

松森　なるほど、はい。

野本　だから学校に預けとけばいい、学校では専門家が教えると思ってたわけね。

松森　「専門家」というのが、あやしいんですね。

野本　ちゃんと一人前の人にしてくれて、就職もできるようになる。だとすれば自分たちは何も言うことがない。ということで、おまかせに入っちゃったんですね。だから、何も言わなくなっちゃったし、先生方も一般的な、どこでも適応できる子を育てるわけ。だから、こういう子にしてほしいっていう要求があれば、それに合わせていくんですけど、それを親たちも言ってこなくなっちゃったでしょ。だから、文科省とか、教育委員会が言ってくる、物分かりのいい子とか、勉強のできる子とか、そういうのを言われると、それだけ教えていく。これがずーっと続いてきてたと思うんですよ。

松森　はいはいはい。

教えると学ぶはひと続き

松森　本文にも書いてるんですが、私は、「教える側」から見るのか、「学ぶ側」から見るのかというのが、一つポイントとしてあるなあと思っています。

野本　うん。

松森　「教える」の主語は教師とか大人で、「学ぶ」の主語は子どもになるのですが、教室というところでは、教えるの主語と学ぶの主語が交錯しているはずなんです。

野本　そうですね。

松森　その交錯しているのが、本当に入り混じって入り混じって、

野本　それが一番いい。

松森　混沌としていって、教師だって学ぶ側に入っちゃうんですよ。

野本　そうそうそう、交流できる。

松森　それはものすごく幸せな瞬間なんですね。

野本　そうそうそう。

松森　そうなんですねえ。私なんかはもうほんとに授業やってて、いっしょにコイを子どもらと育てたりだとか、いろんなことをやってて、いや〜こりゃあ面白いなあ、なんてことをやっていくんだけれども、教える側からしか見えない人たちがたくさんいる。

野本　そうそう、親もそうなっちゃってる。

松森　そうですね。

野本　まったくそのとおり。だからねえ、もう言われてるとおりでねえ、あのー教育っていうのは、教えることと学ぶことと両方あるんですよ。教えたくなる、あるいはみんながその人から学びたいと思ってる人が教えるわけだからね。その両方がある。だけど、一方的に教え続けるだけの人っていうのは存在しないんだよね。

　いろんなこと教えるんだけど、そのためには学ばなきゃいけないわけだから。学んで教えるっていうことはだから、ひと続きなんだよね。

松森　「学んで教えるのはひと続き」、いい言葉ですね。

野本　僕なんかはね、教師論っていうのが今は、もうなくなっちゃってるような気がする。大学も含めてだけど。教師っていうのは、もっともよく学ぶ人なんですよ。

松森　「教師とはもっともよく学ぶ人」。

野本　どこから学ぶかっていうと、現実から学ぶんですよ。

松森　はいはい。

野本　大体の人は本とかなんかに行っちゃうんだけど、そうじゃなくって。現実から学べる力を持ってる人を教師と言うんで。そうすると、現場にいるのは子どもたちでしょ。その人たちから学ぶ、親から学ぶ、地域から学ぶ、社会から学ぶ、そういう力を持ってるわけで。学ぶことと教えることとっていうのが、こうリンクする。

松森　それいいですねえ。学ぶと教えるがひと続きっていうのはねえ。

野本　そうそうそう。だから、常に学び続ける。

松森　子どもも教師も常に学び続ける。ところが、授業とは教師が子どもに一方的に教えるものだと思い込んでいる人がまだまだ多い。明治五年の学制発布から一五〇年経った今もまだ、教師が黒板の前でチョークを持って仁王立ちする授業が、あたりまえに行われています。

野本　僕は沖縄で、「生きるとは何か」ということを教わったんですよ。「生きる目的は何か」ということ。二つしかないんですよ。

生きる目的のまず第一として、生きなきゃならないんですよ。生きてないと、生きる目的は実現できっこないんですから。生きるために何をするかというと、食べることと、寝るところと、仲間といっしょに何かをするという、この三つしかないんですけど、これができること。

つまり食べることと寝るところ、最低これくらいがなくちゃいけないんだけど、それがもしできたとして、病気になったり失業したり、地震が起こったり天災が起こったり、生きにくい状況が起こったとき、それでも人間は生きなければならない、生きるためにはどうするか、生き抜くための方法を考えることが、実は生きる目的なんですよ。

沖縄の人たちが言った言葉が、「一人では生きられない」「必ず仲間がいて、お互いに助け合って生きるしかない」「沖縄はそうしてきた」と。あの戦争で、全滅するような中で、みんなバラバラになっちゃった。その人たちがお互いに手を取り合いながら助け合って生きてきた。いっしょに手を取り合って生きていく、このことが生きる目的なんだと。共に生きることが。

松森　なるほど。

野本　「共にいっしょに生きていく」ということが一つなんですよ。これだけでもすごいと思っていたんだけど、辺野古に行くでしょう。あそこに行って座り込んでいると、おじいちゃんおばあちゃんがたくさん来ていて、機動隊に引っ張られていって、ろっ骨を折ったりするんですが、また杖をついてきたりするんですよ。なんでかと聞いたら、「これは生きている俺の目的なんだ」と言うんですよ。

もう一つあったのはね、「一人の人間は生きててもせいぜい九〇や一〇〇で死んじゃう」と。「その次に子孫が残らないとこの島は無人島になっちゃう」と言うんです。「次の世代を育てること」、これが生きる目的なんだと言うんですよ。

つまり次に子どもが生まれ育っていく、それを自分たちが真剣に育てていかないと人類は続いていかない。種の保存ができない。

その育つ子どもたちは、どうやって育てるかというと、人間が生きていく目的、つまり共に生きていくことを子どもたちに教えるしかない。生きることが目的だから、食べることと寝るところと、働くこと、そういうことがちゃんとできるようにならなきゃいけないんだけど、その上で、「いっしょに生きていくということが生きるということだよ」ということをちゃんと子どもたちに教える。

二つしかない、生き抜くこと、みんなといっしょに、共に生きることと、子育てをすること。自分で育っていくという、子育ちも含めて。これが人間が生きる目的だと言われたんですよ。これはもう僕ははっきり分かった。これが生きる目的だよな。実は政治の目的はこれなんですよ。

松森　なるほど。

野本　経済の目的もこれなんですよ。

松森　なるほど。

野本　文化の目的もこれなんです。

松森　うん！

野本　教育もこれなんですよ。

松森　うん！

野本　だからまず生きること、共に生きること。

次の世代を育てるということは、上級生が下級生を育てることでもあるんですよ。ほかの人たちのために自分が役立っていったり、自分が役立っているのはうれしいことだから、ほかの人たちに役立つ生き方をしたいというのは当然出てくるんだよね。この二つが、実は生きる目的だということがはっきり分かったんですね。

ＰＴＡからＰＴＣＡに

野本　僕は親が子育ての原点は何か、生きることの意味は何かということをもう一回問い直すこと、このことが学校を変えていくことになると思うんです。

そうするとね、ＰＴＡをもう一回軸にする。僕はね、Ｐだけでは弱いと言ってるんです。ＰＴＣＡと、今言ってるんですよ。Ｐは親でしょ。Ｔは先生でしょ。Ｃはコミュニティー、地域ですね。地域が黙っていちゃいけないと思ってるんですね。

国も今いろいろ言ってるじゃないですか。地域といっしょにパートナーシップをつくって、地域と共に生きるって。学校運営協議会、コミュニティースクール、そういうものをやって地域の意見を聞きましょう、などと。

僕はすぐ近くの千秀小学校（横浜市田谷町にある、野本さんが卒業した小学校。松森記）の委員になったんですよ。一年間、去年やったんです。今年は委員長になってね。さっそくはじめますけど、いろんなことを。親の要求を、地域の思いを、こんな子どもたちを育てたい、生きる力をちゃんとつけてほしいということを学校の基本としましょう、ということを今言ってて。今度その中身ができて、その中身が何かということで、みんなで勉強会をやろうということになっている。

今そういう生きる力を取り戻す方法として地域が変わらなければだめだ。地域って何かと今、考えている。

大きく三つの宝物があると思ってるんです。一つは、人材の宝です。いやぁ、これはいろんな人たちがいてびっくりだ。今僕は老人会だから、いろんな老人の人たちにインタビューをして回っているんですよ。一人ずつ話を聞いてるんだけど、次から次へといろんな人たちが出てくるわけさ。

すごい上手なコックさんだったりね。塗装屋さんだとか、電気屋さんだとか。話を聞いてるんだけど、次から次へといろんな人たちが出てくるわけさ。田谷の人物史。今二六人目かな。一人ひとりたずねていくと、もうめっちゃくちゃ面白いんだよ。

人材の宝庫。コックさんもいるし農家の専門家もいるし、もういろんな人がいる、パイロットもいるし豆腐屋さんもいる。いろんな人材がいる。

二つ目は、地域の中でいろんな出来事が起こっているわけですね。今高速道路をつくっているということもあるけど、歴史的には、うちも農民一揆があったんですよ、この辺。歴史の宝庫ですよ。ちゃんと調べれば、この地域であんなことがあった、こんなことが起こった、水害があったりということが分かる。最後はみんなでいっしょに、地域の中でやれることがある。お祭りとか、いろんな行事とか、いっしょにやれる。つまりやれることはある、人物の宝物はある、それから出来事がある。子どもたちが地域でいっしょに生きていく中で、絶対生きる力がつくわけですよ。地域と学校が本当の意味でつながる。

だから今、ＰＴＡをＰＴＣＡとして、今学校運営協議会となっているんですけど、親の代表も出てるし、僕は地域の代表として出てるんですが、町内会長さん、それから民生委員さんとかもいます。そこでいっしょにやることを一つのモデルとしてつくってみたいな、と思ってて。地域から学校を本気で変えたくて。

授業参観にも行こうと思ってて。今校門に鍵が掛かってるんですよ。不審者がいっぱい来るっていうんで、学校なんか入れない。

松森　大阪の教育大附属池田小学校で事件があったでしょ。

野本　今度またあったでしょ、川崎で（二〇一九年五月二八日、川崎市登戸駅付近の路上で、スクールバスを待っていた小学生の児童や保護者らが、近づいてきた男性に相次いで刺された。二人が死亡、一八人が負傷した）。

松森　あの池田の事件があったときに、全国の学校の鉄の扉が閉鎖されたんです。一斉に、全国ですよ、ねぇ。

野本　ううん。

松森　これが日本型やなぁと、私は思うんですよね。

野本　うん、日本型。地域そのものが怖いところになっちゃった。

松森　それまではね、総合学習が次第に広がっていたでしょ。私らも含めて教師は、地域にはいろんなおじさんやおばさんがいるから、いっぱい話を聞こうねと言ってたんですよ。ところがその日からは、知らない人がいたら気をつけなあかん、近寄らないようにと教師が言い出すわけだから。

野本　今もそうだけど、不審者対策で、見張りをもっとつけようとか、どこそこに立ってくださいとか、そんなことが言われるわけで。なぜそれが生まれてくるのか、という背景をちゃんと考えなければいけない。変な人がいっぱいいるとかね、引っ越してきた人はちょっとあやしいとかね、そんな目で見ちゃうわけですから。

これをやるためには時間がかかるでしょうけれど、これは丁寧に、学校の中でも老人会の集まりを持つようにしようと考えています。

地域の教育力

松森　野本さんが『生活と自治』（生活クラブ連合会発行）の二〇一九年七月号で書かれていましたが、虐待をしていた側の人が誰にも相談できずにいたのではないかと。そういう人間のありようを、私たちは想像することすらできないんですよね。誰にも相談できずに、一人でいなくてはならないような地域になってしまったんですね。

野本　そうですそうです。

松森　だから誰もが住みやすい地域をつくる、一人ぼっちをつくらない街づくりということですね。

野本　そういうこと。

松森　昔、私の若い頃、野本さんから直接うかがったのか、ご本を読んだのか、うろ覚えなのですが、昔日本の村では何人もの親がいたという話をされていた。まずはもちろん産みの親ですね。生まれてきた赤ちゃんに乳首をふくませる乳つけ親、それから名づけ親がいて、

野本　里親もいたしね。

松森　赤ちゃんを近くのお地蔵さんのところに置いておいて、通りがかりの風を装って赤ちゃんを拾い上げる、拾い親というんですかね。

野本　そうそう、拾い親もいた。

松森　それはなぜかというと、一人の子どもが生まれたら、村の何人もが親になる。制度として。

野本　そうそうそう。

松森　ひとたび子どもに何かがあったら、複数の親の目がぱっと集まり、力が寄せられて支えられる。それはもちろんその子どもを支えることにもなるし、村そのものをも支えていくことにもなる。そういう村人どうしが互いに支え合い、同時に村を存続させていくための制度があったんだと話されていたことをずっと覚えているんですけどね。

野本　そうそうそう。地域の力、これがなくなったんです。これはもともと明治時代や江戸時代に日本に来た外国人がみんなびっくりするくらい子どもたちを大事にしていてね、地域全体が。大工のおやじさんが子どもたちといっしょに遊んでたりね。それはもうあたりまえの話でね。地域そのものが子どもたちをみんなで育ててた。

アフリカなんかには、一人の子どもが育つには村中のすべての人たちの力が必要だという諺が

ある。アメリカインディアンの諺にも「お年寄りと子どもたちを引き離してはならない」、なぜかというと、「引き離すことは過去と未来を切断することだ」と書いてあるんです。

松森　すごいなぁ！　見事な言葉ですね。

野本　すごいでしょ！　お年寄りはね、今では介護の対象なんですよ。「指の練習しましょう、頭の体操をしましょう」なんて、させられてるんですよ。その人たちが子どもたちと出会ったら、元気になるんです。つまりね、孫たちの世代と出会うことによって、自分たちの持っている知識を総動員して教えようとするわけ。この力を失わせているんですよ。本来教育力というのは、学校の先生だけではなくて、地域の年寄りが小さい子どもであればあるほど出会ったらいろんな経験を伝えるんですよ。自然の持っている力とか、お祭りのやり方とか、おみこしの担ぎ方とか、洗濯のやり方とか、あらゆることをね。そういう意味で言うと、地域の教育力をもう一回再構成する必要があるんですね。

僕の「不可視のコミューン」

野本　今僕らが生きていく上で、大きく二分化していると思うんですよ。一つはね、国際社会の中でちゃんと生きているかという「グローバル化」ですよね。要するに競争して「勝ち組」にならなければだめだという、資本主義社会。資本主義社会の中でこれからもずっと生きていこうというう。それに対して庶民の感覚から言うと、「共に生きていく」というか「共生空間」。つまり自分たちで生活を守っていかなければいけないという「ローカル化」の二つがあって、どっちで生きるかということの選択になっているんですよ。

今国全体、地方自治体の多くも生き残りをかけて利益を上げていく、勝ち組に入ろう、勝ち組に行く人をすくい上げようとしているんですよ。反対に落ちこぼれていく人たちは、障害を持った人たちも年寄りの人たちも、どこかへ収容するなりしようとしているんです。だからここからどうやって生き延びるかということを考えなきゃいけない。でもね、この数がもう半分を超えたと思うんですよ。本当に貧しい人たちがね。生活保護も多いし、高齢者も、年金が五万、六万の人も多いです。家持っている人はなんとかなるんですが、アパート借りてる人はなんにもないんですよ。一人で暮らしている人も大変です。

こういう人たちが「共に生きていくということ」をとるかというのは大きな壁で、若者たちの半数以上が非正規ですから、当然歳をとってきたときには年金がないんですよ。すさまじい状況になりますから。これから一〇年以内にすさまじい状況になるということは、少し考えれば分かるんですね。

どちらの立場で生きるかということ。僕はこちらしかない、ローカルに生きるしかない。ローカルに生き抜くためには、さっき言ったように、食べるものと、住むところと、仲間がいる、この三つをつくらなきゃダメなんですよ。どんなことがあっても「食べるものと、住むところと仲間」がいれば生きられる。そのためには、そういう暮らしをつくらなければいけない。

僕はもう第一次産業しかないと思っています。第一次産業か福祉ですよ、教育も含めて。経済学者の宇沢弘文さんもおっしゃっている。人間が生きていくために一番必要なことを自分たちでつくっていく。これを今つくらないと、もうすぐ食糧難がきますよ。もう、経済封鎖になったら、日本で食糧自給がないんですから。あるところからみんな持っていかれますよ。食べられない人はみんな餓死していきますよ。死んではならない。とすると、農業を小さくても地域の中でみんなでつくっていく、地域で自分たちが生きていくための食べものは、それがあればね。食べるものと住むところと仲間があれば、なんとか生きていけますよ。そのためには自然を大切にして残していかなければいけない。そういう大きな闘いに入っちゃったかもしれないと思うんです。

これが僕の「不可視のコミューン」なんですよ。つまり生きていくコミューンをつくっていく。

松森　その「コミューン」を野本さんが生まれて育ってきた地域で、今まさにつくろうとされている。

野本　基本的な方向性は、教育からはじまるんだ。つまり子どもを軸にした、次の一〇年二〇年先を見なければいけない。そうするとどんな時代がくるのか予想がつくわけですよ。一人ひとりの親たちも自分たちの子どもたちにどんな時代がくるのか、想像をしなくちゃ。

でもそのためには勉強しなくちゃ。お互いが学び合って。そして一つひとつ、本当のことを知っていく。親にも知ってもらうし、地域の人にも知ってもらう、子どもたちにも。
もう戦争の前期がはじまってしまっている。調べるとね、日中戦争がはじまったときとまったく同じ構造ですよ。僕らには見えなくなっているけれども、今大変に危機的な状況にあるんです。学校も厳しい状況になっていて、先生方も声を上げなきゃいけない。
だからね、松森さんのこの話は、一見柔らかいんですけど、本質的にはそのことを言うわけですよ。本当に生きようぜ、本当に学び合う関係をもう一回つくろうぜ。どこかで書いてたね、俺は退職したら学校の先生でなくなった、一介の老人になった、市民になっちゃったけど、それでも生きることはできるし、声も上げられるし、やれることはあるし、俺は最後まで教育者として生きる、とかね。いつまでも教育者として生き抜くぞ、というところをこの本から理解してほしい。教室はなくなっても地域が教室だ。

松森　野本さんに言われると、顔が赤らんじゃいます。そんなに威勢よく言えないんですけどね。

野本　こういう人が出てこないとね。僕の「不可視のコミューン」は、若者が地域の共同体をつくろうと思って一生懸命やった。あっちこっちあっちこっち歩き回ったんだけど、結局は最終的には自分が住んでいる場でやるしかないんですね。

野本　僕らもやがて死ぬよ。もうはっきりしているんだから。それまでにイメージを自分の中でちゃんとつくって、真剣にやりたいと思ってる。一つは実践をちゃんとやりたいと思ってるし、もう一つは書ければ書くということで。今自分史を書きはじめているんですよ。

松森　どのようなものなんですか。

野本　『公評』という雑誌にね、「水滴の自叙伝」、僕が生まれてからのことが書いてあるんですよ。八〇の時に『水滴の自叙伝』を完成する予定ですけど、今考えてること、全部いろんな人に教わってきたわけ。いろんな人から学んできた。それらを全部入れ込むんですよ。当時の日記やら何やらを丁寧にひも解きながらまとめているんですけど、これも「魂のバトンリレー」よ。

松森　そうです、そうです。

野本　これでおしまいになっても、これだけは残したい。この夢だけは、つないでもらいたい、というね。

松森　すごくよく分かる話です。伝える、継承するということですね。

野本　松下竜一さんがそうだったんですよ。なぜあの雑誌（『草の根通信』）を出し続けるのか。あの寡黙な人がね、しゃべらん人じゃないですか。

松森　ええ。無口な方でした。

野本　最後は喘息できつかったと思うんだけど、魂を残して逝ったじゃない。全集が残ったわけでしょ。松森さんもそこにずっと連載していたわけなんだから。それはもうねぇ、やらなきゃならないですよ。

松森　松下竜一さんに出会って、『草の根通信』に書かせていただいて、松下竜一という同時代に生きる作家の著作を全部読むことができた経験は、あれは私にとって大きな宝物でした。

野本　そうですよね。

松森　そうです、本当に大きかった。

野本　彼がなぜ地域のこととか教育のこととかまとめてほしいと頼んだかですよね。あれはまとまったんですかね。

松森　ええ、『餓鬼者《がきもん》〜共に学び、共に生きる子どもたち〜』（生活書院、二〇一二年）としてまとめました。実際には松下さんが亡くなった後になってしまったんですけれど。みんなその意味では、「魂のバトンリレー」をされているんですよね。

野本　今度は僕たちの番ですよ。松森さんは若いけど。

松森　今回のことも、四三年ぶりに改めてスタートラインに立ったような気がしているんですよ。私が「もう教員はこれで辞めよう」と覚悟を決めていたときに、たまたま書店で出会った野本さんの著作があって、そこにもう一度戻ってお話しできるとは、まさか実現できるとは思わなかったんですが、とってもうれしいですね。

野本　ありがたいですよ、僕も。だから、この本のタイトルもすばらしいと思っているし、無関心でいてはいけないし、あきらめてはいけないし、自分の生き方を持たないといけない。つい、しょうがないわっていう気持ちがちょっと出るときがあるんですよね。体力が弱ったりするとね。それがあるのはしょうがないんだけど、それでも死んでもあきらめないっていうかね、それが「魂のバトンリレー」だからね。

僕も目がね、厳しいので、読み書きはそんなに長くはできそうにもない。あと三年が限度かなと思っているので、それまでにこれを仕上げて、本も整理しようと思っているんですよ。それで居場所づくりをして、ここでみんな集まって、若い人たちに来てもらって、村の人たちにも来てもらって勉強会なんかに使おうかなというのが、今の夢なのね。

夢というか、どのくらいやれるか分かりませんけど、今そういう気持ちなんですね。松森さんの本は宣伝しますからね。

松森　私の方こそ、とてもありがたいです。

野本　いいタイトルです。中身もいいし。今の若い人たちは、「こんなことできねえよ」と言いそうな気がするんですよね。だけど事実としてこんなことができてきたし、あったんですよね、そんなことが。できないわけがないということを、僕も言い続けたいと思います。

松森　そこですよね。野本さんがそれでも、今住んでおられるこの地域を拠点にして、村づくりをやる。つまり共生の道をここから展開していくんだ。完成するかどうかは別だけれども、残す、次に託すという意味を込めて展開していくんだとはっきり言われている。それはつまり「やろうよ」と、若い人に向かって、「それ以外に生きる道はないぞ」くらいの強い意志を込めながら今言われている。

私はね、できるだけたくさんの教員たちと出会いたいと思っているんです。若い人たちとタッグを組みたいと思っている。だから学校で呼んでくれたら授業を観に行っているし、私がスタッフになっている小さな小さな研究会もずっと続けているんです。その中にもできるだけ若い人も入れて、〝学びをひろげる　わたしと〇《まる》人の会〟というヘンテコリンな名前なんですけど、年齢も経歴も職種も一切関係ない。いろんな者が集まって教育を考えよう。ある時は、上は七六歳で、下は高校生でやったり。多い時で二〇人くらいです。

野本　ああいいねぇ。僕もおんなじ。僕も月一度横浜の会場でやってるんですよ。三年くらいになるかな。横浜に戻って来てからずっとやっている。

松森　そういうことをやりながら、私の中ではあきらめていないんですよね、あきらめられないと言った方がいいかな。無関心でいないための勇気を持ち続けたいと思っているんです。でもね残念ながら周りを見ると、無関心やあきらめや、他人《ひと》まかせの空気をひしひしと感じるときがありますし、さらに広がっているように思うときもあります。先輩たちから受け継いだ「戦後」という問題を、次の世代の人たちにどこまで受け渡すことができるのか、広島、長崎の被爆者や水俣病の患者さんたち、沖縄の戦争を経験した人たち、私が出会った人たちから託されたバトンを、どこまで若い人たちにリレーすることができたのか、試行錯誤を繰り返すばかりで、前に進まぬもどかしさにいらだったり、自信をなくしてしまうこともあります。

野本　でも信じましょうよ。出てくる。必ず出てくる。状況が厳しくなればなるほど出てくる。そこまで行くのがつらいんですよね。早く気づいてほしいんですけど。その時が相当厳しい状況になると思いますよ。やっぱり「食べるものと、住むところと、仲間」ですね、これを自分たちで確保しておかなきゃダメだと、とってもそう思うんです。それが自分たちのところになければ、そういう場所と手をつないで交流していく必要があると思います。そういうことで動こうかと思っているんですね。

松森　今日は本当にどうもありがとうございました。

野本　いっぱい話せたね。楽しい時間をありがとう。

あとがき

新型コロナウイルス感染に伴い、首相が唐突に発表した「小中高校への休校要請」を受けて、二〇二〇年三月に全国の学校から一斉に子どもたちの姿が消えました。四月の緊急事態宣言の後、街角から人々の姿が消えました。互いに向かい合って食事することも、話すことも控えることを要請され、可能な限り人と人との接触を避けるように自粛生活を強いられることになりました。「ソーシャル・ディスタンス」という言葉が象徴するように、人間関係の間に「社会」が割り込んできて、人と人とのつながりを徹底して断ち切ることを求められたのです。

しかしそれは逆に、私たち人間がいかに暮らしの場でも、社会生活でも、経済活動でも、出会いとつながりと協働の中で生きているのかということを改めて知らしめすことになったのではないでしょうか。街角には、いろいろな人々の往来と出会いと語らい、対話が似合う。学校には子どもたちが活動する姿が似合うという、あたりまえのことに気づかされました。

おそらく今後も第二波、三波と続くのであろうコロナ感染と向かい合う人類が、いったいコロナ後にどのような世界を現出させることになるのか、私たちは不安と期待を交錯させながら日常を過ごすことになるのでしょう。たとえば「共生」という言葉も、人間関係のあり方だけを表すのではなく、動物も植物も、自然環境も、そしてウイルスとも共存、共生していく豊かさを含意するものになって行かねばならないのでは、と思っています。

それにしても最近、言葉というものが軽くなってきたなと思います。責任を持たなくなったというか、責任を問われなくなった。だからテレビでも、インターネットでも、著作物でも、普段のおしゃべりでも、話し手と聞き手の関係を無視した過剰な言葉が飛び交うようになってきた。過剰になったから、軽くなったといえるのか、軽くなったから過剰になってきたといえるのか、とにかく無責任で不寛容な社会に急速に向かっているように思われてなりません。イヤぁな、不気味な〈空気〉を感じています。

なにせ世界の政治のリーダーが、「都合の悪い真実」はフェイクと決めつけ、「もうひとつの真実」を平気で押しつけたりするのですから。日本の総理大臣も政権幹部も官僚も、嘘にウソを重ねて、公文書を改ざんするやら廃棄するやら。こんなことは日本の律令制度が始まって以来おそらく初めての出来事ではないのでしょうか。「大げさすぎる」と言われるのかな、こんな言い方は。なにせ批判が通り過ぎるのを待つだけで、政権支持率が回復しやり過ごしてしまえる国になってしまっているのですから。さらに中間層がしぼみ、経済格差がますます広がってゆく生活現場に身を置くことになれば、無関心やあきらめや他人《ひと》まかせの態度が蔓延するのも当然なのかもしれません。

九五歳になる大先輩北村小夜さんの話を聞きました。戦前・戦中を通して筋金入りの「軍国少女」に育て上げられた話に続いて、戦後一九五〇年に教員となった当時の話をされたとき、「学校には何もなかったけれど楽しかった。なければ子どもたちといっしょに工夫してつくればよかった。学テや勤評や義務化反対など、さまざまな闘争をして来たけれど、いまから思えば『しばりのなかった楽しい時期』を取り戻したかったからなのかもしれない」と言われました。

その言葉が私の乾いた体にしみわたるように、心地よく伝わって来ました。世紀をまたいで歴史を生きてきた大先達が、「子どもたちといっしょに工夫しながら取り組む、自由な教育の現場」というあたりまえの原点を取り戻すために、時には熾烈な闘争もたたかいながら、無関心でいない、あきらめない、他人《ひと》まかせにしない日々を生きて来られた事実に勇気づけられました。

残念ながら日本という国はまだまだ「無関心でいない」ためには、勇気を必要とする国なんだと思います。「小夜さんのようにできるかどうか」と自問してたたずむ前に、私もちょっぴり勇気を出して、子どもや若者や大人たちに声をかけ、教育や学校について、経済や政治や、日々の暮らしや、原発や、憲法について語り合い、いっしょに行動を起こしてみたいと考えています。

寺脇研さんとの出会いは、一風変わった経緯がありました。大学生になった娘が（「まえがき」に登場した娘と双子のもう一人です。内輪話ばかりでごめんなさい）友だちと、「ホンマに『ゆとり世代』はだめなのか」という学内の小さな集まりを企画したときに、学生たちの一方的な呼びかけに応えて手弁当で来てくださったのがはじまりです。そのとき「父さん、寺脇さんと会いたかったら紹介するで」と、なんだかちょっぴり成長した自分を誇示するように、自信に満ちた言い方でたずねてきました。もちろんまたとない機会を逃す手はありません。かくして娘が仲介してくれた寺脇研さんと、京橋の居酒屋で初めてお目にかかり話を交わすことができました。

寺脇さんが優れた論客であることは誰もが知るところですが、同時に子どもに対するゆるぎない信頼の置き方と、ぜったいに子どもを裏切らないという確信的な態度に、いつも目を見張らされています。「共に学び合う」などと言いながら、時に「子どもも子どもやで、もうちょっとなんとかしてくれへんもんかな……」などと、つい周囲に不満や弱音を漏らしてしまう私などにはとても真似のできない潔さと強さを感じています。

今回「帯のことば」をお願いしたところ快諾（と勝手に解釈しているのですが）していただき、身に余る言葉をいただきました。応援歌として受け取らせていただきました。

野本三吉さんとの出会いは、「対談」を読んでいただきたいと思います。四〇年ほど前に『不可視のコミューン』を読んで以来、「この人とお会いしたい。いつか対談できるようになりたい」と、生意気とも思える気持ちを目標にして、教育現場でのさまざまな修羅場をくぐり抜けてきたように、今から振り返れば思えます。

本当に対談が決まったとき、野本さんの広大な知の世界と深遠な思索の前で、太刀打ちできようはずもないことは明らかで、それならばと奸計をめぐらしたのが「私の土俵の上で」進めてみようということです。本の原稿を送り、対談の進行計画を送ると、その一つひとつの項目にご自身の考えを几帳面に記したノートをつくって、当日に臨んでくださいました。もちろん対談は、進行表からまたたく間に離れて、自在な話のやり取りとなり、そのほとんどが私は聞き手になったのですが、エキサイティングな経験でした。特に、コミューンを探して日本全国を歩き思索と実践を続けてきた野本さんが、最後に生まれ故郷の地に「不可視のコミューン」を実現することをライフワークの仕上げと覚悟を決めて、もうすでに取り組んでおられる姿には圧倒され感動しました。

現代書館の菊地泰博社長には、前作の『けっこう面白い授業をつくるための本――状況をつくりだす子どもたち』に続いて、出版の決断をしていただき感謝に堪えません。編集者の下河辺明子さん、雨宮由李子さんから送られてきた校正刷りには、びっしりと几帳面な字でコメントが書かれていて、目を白黒させてしまいました。編集者と格闘するという心地よい時間を経験することができました。「読み手の側」からの指摘にずいぶん助けられました。

そして何より、読んでくださったみなさんにお礼を申し上げます。いかがだったでしょうか、「短い言葉で、分かりやすく教育を語る」という最初に掲げた目標は、実現できていたでしょうか。この本のここのページ、あそこのページの、あの言葉、この言葉をあげて、世間話のように街角のあちらこちらで語り合う話題にしていただければ、この上ない幸せです。ありがとうございました。

松森俊尚（まつもり・としひさ）

一九五一年、大阪市に生まれる。

一九七六年、寝屋川市の小学校に勤務。

二〇一二年三月、退職。

現在、〝知的障害者を普通高校へ北河内連絡会〟、〝学びをひろげるわたしと〇《まる》人の会〟スタッフなど。

著書に『もの申す――27人の子どもたちとおっさん先生のぶつかり合い　生きる力・総合学習の原点がここにある』（エイデル研究所　二〇〇一年）、『餓鬼《がき》者《もん》――共に学び、共に生きる子どもたち』（生活書院　二〇一二年）、『けっこう面白い授業をつくるための本――状況をつくりだす子どもたち』（現代書館　二〇一四年）がある。

他に、松下竜一主宰『草の根通信』に「餓鬼者　がきもん」を連載（一九九七年一月号～二〇〇二年七月号）、『生活と自治』（生活クラブ事業連合生活協同組合連合会発行）に教育コラム「魂のバトンリレー」を連載（二〇一三年七月号～二〇一五年六月号）など。

ホームページ
『餓鬼者　がきもん』　http://gakimon.main.jp/

『知的障害者を普通高校へ北河内連絡会』

http://kitakawachi.main.jp/

『学びをひろげる わたしと〇《まる》人の会』

http://gakimon.main.jp/manabiwohirogerupe-ji.html

街角《まちかど》の共育学《きょういくがく》
――無関心でいない、あきらめない、他人《ひと》まかせにしないために

二〇二〇年八月二十五日　第一版第一刷発行

著　者　松森俊尚
発行者　菊地泰博
発行所　株式会社現代書館
東京都千代田区飯田橋三―二―五
郵便番号　102-0072
電　話　03（3221）1321
ＦＡＸ　03（3262）5906
振　替　00120-3-83725
組　版　プロ・アート
印刷所　平河工業社（本文）
東光印刷所（カバー）
製本所　鶴亀製本
装　幀　大森裕二

校正協力・渡邉潤子

ISBN978-4-7684-3579-3
定価はカバーに表示してあります。乱丁・落丁本はおとりかえいたします。
http://www.gendaishokan.co.jp/

活字で利用できない方のための
テキストデータ請求券
『街角の共育学』